Niederle Media

# Einführung in das Arbeitsrecht

Autoren: Bianca Hafke & Jan Niederle

## Mit Beispielen und Schemata für den leichten Einstieg

**ISBN 3-936733-07-4**
**2. Auflage 2006**



**Bezug über den Buchhandel oder direkt vom Verlag**
Jan Niederle Media
48341 Altenberge
Fax (02505) 93 98 99
E-Mail: jan.niederle@gmx.de
www.niederle-media.de



Druck:
OPOLgraf SA

# ▶ Inhalt

## ▶ Einführung in das Arbeitsrecht

## ▶ Was dieses Skript für dich tun kann

Dieses Skript ist gedacht als Einführung in die Grundlagen des Arbeitsrechts. Nicht nur von Jurastudenten, auch von Studenten der Wirtschafts- oder Sozialwissenschaften wird die Kenntnis darüber verlangt, wie ein Arbeitsvertrag zustande kommt, in welchen Fällen der Arbeitnehmer auch ohne Arbeit Lohn fordern kann, welche Haftungsmaßstäbe bei betrieblich veranlasster Tätigkeit gelten und unter welchen Voraussetzungen jeweils die ordentliche und die außerordentliche Kündigung zulässig ist.

Viele Lehrbücher gehen über die Bedürfnisse der Studenten hinweg, da sie schwer verständlich und von ausuferndem Umfang sind. Im Gegensatz dazu ist das Niveau bei manchen Skripten teilweise so niedrig, dass sie den Prüfungsanforderungen in keiner Weise gerecht werden. Niederle-Skripte werden unter Mitarbeit von hoch qualifizierten Hochschuldozenten und AG-Leitern erstellt, die wissen, was üblicherweise geprüft wird.

Regelmäßige E-Mails von Studenten, die nach relativ kurzer Einarbeitungszeit bei Klausuren oder Hausarbeiten Prädikatsnoten erzielt haben, verdeutlichen eindrucksvoll die **Vorteile der Niederle-Skripte:**

- Komprimierte, auf das Wesentliche reduzierte Darstellung
- Verwendung einer einfachen, gut verständlichen Sprache
- Integrierte Übersichten und Schemata
- Studentenfreundlicher Preis (6,60 €).

Für deine Prüfungen drücke ich dir schon jetzt ganz fest die Daumen,

*Jan Niederle*

## ▶ Unser Skriptenangebot

### Zivilrecht (je Titel 6,60 €*)
Standardfälle für Anfänger
Standardfälle für Fortgeschrittene
Standardfälle Schuldrecht
Standardfälle Sachenrecht
Einführung in das Bürgerliche Recht
Schuldrecht (AT)
Schuldrecht (BT) 1 - §§ 437, 536, 634, 670 ff.
Schuldrecht (BT) 2 - §§ 812, 823, 765 ff.
Sachenrecht 1 – Bewegliche Sachen
Sachenrecht 2 – Unbewegliche Sachen
Familienrecht
Erbrecht
Definitionen für die Zivilrechtsklausur (7,90 Euro) 1)

### Strafrecht (je Titel 6,60 €)
Standardfälle für Anfänger
Standardfälle für Fortgeschrittene
Strafrecht (AT)
Strafrecht (BT) 1 - Vermögensdelikte
Strafrecht (BT) 2 - Nichtvermögensdelikte
Definitionen für die Strafrechtsklausur 1)
Jugendstrafrecht/Strafvollzug/Kriminologie

### Öffentl. Recht (je Titel 6,60 €*)
Standardfälle Staatsrecht I - VerfassungsR
Standardfälle Staatsrecht II - Grundrechte
Standardfälle für Anfänger
Standardfälle für Fortgeschrittene
Basiswissen Staatsrecht I – Verfassungsrecht 1)
Basiswissen Staatsrecht II – Grundrechte 1)
Verwaltungsrecht (AT) 1 - VwVfG
Verwaltungsrecht (AT) 2 – VwGO
Standardfälle Verwaltungsrecht (AT)
Verwaltungsrecht (BT) 1 - POR
Verwaltungsrecht (BT) 2 – Baurecht
Verwaltungsrecht (BT) 3 – Umweltrecht
Kinder- und Jugendhilferecht
Grundriss Europarecht (7,90 Euro) 1)
Standardfälle Europarecht (7,90 Euro)

### Steuerrecht (je Titel 6,60 €)
Abgabenordnung (AO)
Einkommensteuerrecht (EStG)
Umsatzsteuerrecht
Erbschaftsteuerrecht/Bewertungsrecht
Steuerstrafrecht/Verfahren/Steuerhaftung

### Grundlagen (je Titel 6,60 €*)
Wie gelingt meine BGB-Hausarbeit?
Einführung in die Rhetorik
500 Spezial-Tipps f. Juristen (10,20 €)
Ratgeber Assessment Center
Mitarbeiterführung
Vernetztes Denken
Selbstmanagement

### Nebengebiete (je 6,60 €)
Handelsrecht
Gesellschaftsrecht
Standardfälle Handels- & GesellschaftsR
Arbeitsrecht
Standardfälle Arbeitsrecht
ZPO I - Erkenntnisverfahren
ZPO II - Zwangsvollstreckung
Strafprozessordnung (StPO)
Insolvenzrecht
Gewerbl. Rechtsschutz/Urheberrecht

### Assessorexamen (je 6,60 €)
Die Relationstechnik
Der strafrechtliche Aktenvortrag
Der Aktenvortrag im Wahlfach Strafrecht
Der zivilrechtliche Aktenvortrag
Der öffentl.-rechtliche Aktenvortrag
Urteilsklausuren Zivilrecht
Anwaltsklausuren Zivilrecht
Staatsanw. Sitzungsdienst & Plädoyer
Die strafrechtliche Assessorklausur
Zwangsvollstreckungsklausuren
Vertragsgestaltung in der Anwaltsstation

### BWL (je Titel 6,60 €)
Einführung in d. Betriebswirtschaftslehre
Ratg. „500 Spezial-Tipps für BWLer“
Rechnungswesen
Grundl. emp. (quant.) Methoden
Marketing
Internationales Management
Unternehmensführung
Wie gelingt meine wiss. Abschlussarbeit?
Ratgeber Assessment Center
Einführung in die Rhetorik
Mitarbeiterführung
Vernetztes Denken

* 6,60 Euro, soweit nicht ein anderer Preis in ( ) angegeben ist.
1) Auch als **Hörbuch** (Audio-CD) lieferbar

**Weitere Titel gesucht?** Regelmäßig erscheinen neue Titel, die in dieser Übersicht dann noch nicht enthalten sind. Das komplette Verlagsprogramm sowie das Inhaltsverzeichnis eines jeden Titels ist tagesaktuell online unter **www.niederle-media.de.** Bei allen Neuerscheinungen ist ein konkreter Erscheinungstermin genannt.

# Lektion 1: Der Arbeitnehmerbegriff



## 1.1. Abgrenzung Arbeitnehmer – Selbständiger

Eine gesetzliche Definition des Arbeitnehmerbegriffs fehlt. Es ist aber eine Abgrenzung zum Selbständigen notwendig, da beispielsweise das Kündigungsschutzgesetz nur auf *Arbeitnehmer* anwendbar ist, vgl. § 1 KSchG.

Es ist allgemein anerkannt, dass derjenige, der aufgrund eines *privatrechlichen Vertrages* für einen anderen *unselbständige* Dienste leistet, Arbeitnehmer ist. § 84 Abs. 1 S.2 HGB liefert dagegen die Definition der Selbständigkeit:

**Selbständig** ist, wer im Wesentlichen frei seine Tätigkeit gestalten und seine Arbeitszeit bestimmen kann.

**Beispiel 1:** Selbständig sind Rechtsanwälte oder Ärzte in eigener Praxis, Floristen mit eigenem Laden, freie Mitarbeiter, Handelsvertreter.

Probleme tauchen oftmals bei der Frage der „Selbständigkeit" des Dienstes auf. Es muss dann genau zwischen selbständiger und abhängiger Arbeit abgegrenzt werden. Hierbei ist auf die *persönliche Abhängigkeit* des Arbeitnehmers abzustellen. Diese lässt sich unter Würdigung aller Umstände im Einzelfall anhand von Indizien ermitteln. Folgende Indizien deuten auf einen Arbeitnehmer:

Der **Arbeitnehmer**

- ist weisungsgebunden;
- ist gebunden an die vereinbarte Art und Weise der Leistung, den Ort sowie die Zeit und Dauer der Tätigkeit;
- ist eingegliedert in den Betriebsablauf;
- erhält ein festes Gehalt bzw. Lohn;
- ist lohnsteuer- und sozialversicherungspflichtig;
- erhält Urlaub sowie Lohnfortzahlung im Krankheitsfall.

**Beispiel 2:** Arbeitnehmer sind demnach z.B. die Sekretärin im Büro des Rechtsanwaltes, die Versicherungskauffrau in einem großen Konzern, der Frisör in fester Anstellung, der Bauarbeiter, der Handwerksgeselle.

Kennzeichnend ist insbesondere die *Fremdbestimmtheit* der Arbeit. Zu beachten ist jedoch, dass auch bei Selbständigen eine mehr oder weniger abgeschwächte Form der Weisungsgebundenheit vorliegen kann.

**Beispiel 3:** Malermeister M hat mit Kundin K einen Werkvertrag geschlossen, der vorsieht, dass er ihre Hauswände grün-gelb anstreichen und in den nächsten zwei Monaten jeden Tag 8 Stunden arbeiten soll. Hierbei ist zwar die Art und Weise der Leistung ganz genau vereinbart, trotzdem ist M in seiner Selbständigkeit nicht betroffen.

## 1.2. Unterschied Arbeiter – Angestellter

Die früher gängige Ungleichbehandlung zwischen Arbeitern und Angestellten hat das Bundesverfassungsgericht für verfassungswidrig erklärt, da der in Art. 3 GG normierte Gleichheitsgrundsatz verletzt und ebenfalls der arbeitsrechtliche Gleichbehandlungsgrundsatz tangiert war. Heute muss jede Ungleichbehandlung zwischen Angestellten und Arbeitern gerechtfertigt sein. Eine Unterscheidung hat daher durch die Vereinheitlichung der Kündigungsfristen (vgl. § 622 BGB) und der Entgeltfortzahlung im Krankheitsfall kaum noch arbeitsrechtliche Bedeutung.

Kommt es einmal auf eine Differenzierung an, so ist die Unterscheidung danach zu treffen, ob überwiegend geistige Tätigkeit (= Angestellter) oder aber körperliche Arbeit (= Arbeiter) verrichtet wird.

## 1.3. Der leitende Angestellte

Die leitenden Angestellten haben im Arbeitsrecht eine *Sonder- bzw. Zwischenstellung.* Sie sind einerseits zwar Arbeitnehmer, andererseits jedoch in der betrieblichen Hierarchie durchaus der Arbeitgeberseite zuzurechnen, da sie weitreichende Kompetenzen und Entscheidungsfunktionen besitzen und die Arbeitgeberinteressen wahren müssen. Auch sind die Anforderungen an ihre Arbeitsleistung hoch angesetzt.

**Beispiel 4**: Prokurist mit Generalvollmacht, Chefarzt, Leiter der Hauptabteilung Finanzwesen.

Leitende Angestellte werden daher aus dem Geltungsbereich vieler Gesetze ausgenommen. So ist weder das Betriebsverfassungsgesetz noch das Arbeitszeitgesetz anwendbar, vgl. § 5 Abs. 3 BetrVG und § 18 Abs.1 Nr. 1 und Nr. 2 Arbeitszeitgesetz (ArbZG). Daher gibt es für leitende Angestellte keine Überstundenvergütung. Auch der Kündigungsschutz ist eingeschränkt. Wegen des Bestehens eines besonderen Vertrauensverhältnisses werden keine hohen Anforderungen an die Kündigungsgründe gestellt, vgl. § 14 Abs. 2 KSchG.

## 1.4. Die arbeitnehmerähnliche Person

Neben dem Arbeitnehmer und dem Selbständigen gibt es die sog. *arbeitnehmerähnliche* Person. Sie ist ein „Zwischending“ zwischen beiden, da sie zwar kein Arbeitnehmer, jedoch auf Grund eines Dienst- oder Werkvertrags persönlich in *wirtschaftlich abhängiger* Stellung tätig und deshalb *vergleichbar einem Arbeitnehmer sozial schutzbedürftig* ist, vgl. § 12 a I Tarifvertragsgesetz (TVG).

Arbeitnehmerähnliche Personen sind vor allem als Heimarbeiter (s.u.) und als freie Mitarbeiter tätig. Da die arbeitnehmerähnliche Person selbständig ist, finden arbeitsrechtliche Vorschriften, insbesondere das Kündigungsschutzgesetz (KSchG), grundsätzlich *keine* unmittelbare Anwendung.

**Beispiel 5:** P ist Journalist und laut Vertrag als „freier Mitarbeiter" bei einem großen Hamburger Verlag eingestellt. Für diesen arbeitet er ausschließlich. Seine Vergütung wird nach den geleisteten Stunden abgerechnet. Seine Arbeitszeit beträgt mindestens 30,5 Stunden pro Woche, diese kann er sich aber frei einteilen. Die zu behandelnden Themen sucht er sich aus, bespricht sie allerdings vorher mit der zuständigen Redaktion. Ist das KSchG anwendbar?

**Lösung:** Zur Arbeitnehmereigenschaft fehlt die persönliche Abhängigkeit, z.B. die Eingliederung in den Betriebsablauf. P ist ähnlich schutzbedürftig wie ein Arbeitnehmer, da er nicht im klassischen Sinne selbständig arbeitet; er ist daher arbeitnehmerähnlich. Das KSchG ist daher nicht anwendbar.

**Beispiel 6:** P ist anders als in *Beispiel 5* an eine vorgegebene Themenliste gebunden, die er abarbeiten muss. Weiter beträgt die Arbeitszeit mindestens 35 Stunden pro Woche und er nimmt an den täglichen Redaktionssitzungen teil. Die Vergütung erfolgt zu einem Festpreis von 2.000,- Euro monatlich. Ist das KSchG anwendbar?

**Lösung:** Hier sprechen Indizien dafür, dass P tatsächlich Arbeitnehmer ist, das heißt, es wurde freie Mitarbeit vereinbart, tatsächlich aber abhängige Arbeit vollzogen. Abzustellen ist allein auf die *faktische Ausführung* des Vertrages. Ansonsten bestünde die Gefahr der Umgehung des Kündigungsschutzes. Die Bezeichnung der Beschäftigung im Vertrag selbst ist daher nur von sekundärer Bedeutung. Es besteht also ein ganz normales Arbeitsverhältnis, so dass das Kündigungsschutzgesetz anwendbar ist.

Gesetzliche Regelungen für arbeitnehmerähnliche Personen sind vor allem § 2 Satz 2 des Bundesurlaubsgesetzes (BUrlG), § 12 a I des Tarifvertragsgesetzes (TVG) und § 5 Abs. 1 Satz 1 des Arbeitsgerichtsgesetzes (ArbGG).

### 1.5. Auszubildende und Heimarbeiter

Das Berufsausbildungsverhältnis ist im Berufsausbildungsgesetz geregelt, dessen Vorschriften nicht zum Nachteil des Auszubildenden abbedungen werden können. Der Begriff „Arbeitnehmer" wird im Anwendungsbereich des ArbGG auf die zu ihrer Berufsausbildung Beschäftigten gemäß § 5 Abs.1 S. 1 ArbGG ausgedehnt.

**Heimarbeiter** (zum Begriff vgl. § 2 Abs. 1 des Heimarbeitsgesetzes, HAG) sind keine Arbeitnehmer, sondern arbeitnehmerähnliche Personen. Viele Regelungen des Arbeitsrechts finden also grundsätzlich auf Heimarbeitsverhältnisse mangels persönlicher Abhängigkeit *keine* Anwendung. Insbesondere gilt nicht das KSchG. §§ 29, 29a HAG sehen für die Kündigung spezielle Regelungen vor. Lediglich in einzelnen Vorschriften ist eine Gleichstellung mit den Arbeitnehmern vorgesehen, vgl. § 5 Abs. 1 Satz 2 ArbGG, § 12 BUrlG, § 1 Abs. 2 Nr.1 Beschäftigtenschutzgesetz (BeSchG) und § 1 Nr. 2 Mutterschutzgesetz (MuSchG).

## Lektion 2: Die Rechtsquellen des Arbeitsrechts

### 1.1. Rechtsquellen und deren Rangordnung

Da es im Arbeitsrecht kein einheitliches „Arbeitsgesetzbuch" gibt, muß auf eine Vielzahl von Sondergesetzen bzw. verschiedene Gestaltungsfaktoren zurückgegriffen werden. So wird das Arbeitsverhältnis durch den Arbeitsvertrag begründet und dabei von zahlreichen Normen und Gestaltungsfaktoren beeinflusst. Zur Vermeidung von Unklarheiten und divergenten Entscheidungen muss festgelegt werden, in welchem Verhältnis die Rechtsquellen zueinander stehen. Es gilt das sog. **Rangordnungsprinzip,** d. h. der ranghöhere geht grds. dem rangniedrigeren Gestaltungsfaktor vor.

Bei Konkurrenzen auf *verschiedenen Rangstufen* geht also grds. der ranghöhere Gestaltungsfaktor dem rangniedrigeren vor. Ausnahme: Ist eine rangniedrigere Norm für den Arbeitnehmer günstiger, so geht diese der ranghöheren grds. vor, sog. *Günstigkeitsprinzip*.

**Beispiel 1:** Entgegen dem Tarifvertrag, der 26 Tage Urlaub vorsieht, vereinbart Arbeitgeber A mit Gewerkschaftsmitglied G im Arbeitsvertrag 30 Tage Urlaub pro Jahr sowie übertariflichen Lohn. Wirksam?

**Lösung:** Grundsätzlich gilt die ranghöchste Norm. § 3 I BUrlG, der mind. 24 Tage Urlaub pro Jahr vorsieht, würde vom Rang her dem rangniedrigeren Tarifvertrag und dieser wiederum dem rangniedrigeren Arbeitsvertrag vorgehen. Sowohl das BUrlG als auch Tarifverträge enthalten aber nur *Mindestregelungen*. Daher gelten für G die für ihn *günstigeren* arbeitsvertraglichen Regelungen: 30 Tage Urlaub und übertariflicher Lohn.

Als Grenze hierzu gilt die sog. **Rosinentheorie,** wonach eine *Gesamtschau* erfolgen muss und sich ein Einzelvergleich verbietet, vgl. dazu auch Lektion 10, Seite 93.

**Beispiel 2:** Im Arbeitsvertrag des Arbeitnehmers A steht: „Eine Kündigung kann nur zum Quartalsschluss mit einer Frist von drei Monaten erfolgen". Die *gesetzliche* Kündigungsfrist für A beträgt hingegen sieben Monate. Als A gekündigt wird, beruft er sich hinsichtlich der Kündigungsfrist auf die gesetzliche Regelung (7 Monate), hinsichtlich des Kündigungstermins (Quartalsende) jedoch auf den Arbeitsvertrag. Hier „pickt" sich der A von jeder Regelung das Beste, nämlich die „Rosinen" heraus. Dies ist grds. nicht zulässig.

Bestehen Konkurrenzen auf der *gleichen Rangstufe*, so gilt das Spezialitätsprinzip bzw. der Anwendungsvorrang. Die speziellere geht dann der allgemeineren Regelung vor.

## 1.2. Die einzelnen Gestaltungsfaktoren

### 1.2.1. Supranationales Arbeitsrecht, insbes. EG-Recht

Praktisch wichtige Bestimmungen sind hierbei Art. 39 EG, welcher die *Freizügigkeit* der Arbeitnehmer regelt sowie Art. 141 EG, der die unmittelbare und mittelbare *Frauendiskriminierung* verbietet.

### 1.2.2. Verfassungsrecht

Das Arbeitsrecht ist *Sonderrecht des Arbeitnehmers* und daher in besonderer Weise dem *Sozialstaatsprinzip*, das aus Art. 20 Abs. 1, 28 Abs. 1 Satz 1 Grundgesetz (GG) hergeleitet wird, verpflichtet. Rechtsnormen, die gegen das Verfassungsrecht, insbesondere gegen *Grundrechte* verstoßen, sind grds. nichtig. Bedeutsame Grundrechte sind vor allem Art. 3 (Gleichberechtigung von Mann und Frau, Verbot der willkürlichen Behandlung eines Arbeitnehmers wegen seiner Abstammung, Rasse, Sprache etc.) und die Artikel 9 (Koalitionsfreiheit) und 12 (Berufsfreiheit) des Grundgesetzes.

Nach heute ganz herrschender Meinung gelten Grundrechte jedoch – mit Ausnahme des Art. 9 Abs. 3 GG – im Arbeitsverhältnis nicht unmittelbar. Es findet vielmehr nur eine *mittelbare Anwendung* bei der Auslegung von privatrechtlichen Generalklauseln (§§ 138, 242, 315 BGB) und sonstigen unbestimmten Rechtsbegriffen statt, vgl. Lektion 5, Seite 42.

### 1.2.3. Zwingendes Gesetzesrecht

Hierunter fallen insbesondere das Arbeitsschutzgesetz (ArbSchG), Arbeitszeitgesetz (ArbZG), Heimarbeitsgesetz (HAG), Jugendarbeitsschutzgesetz (JArbSchG), Mutterschutzgesetz (MuSchG), Bundeserziehungsgeldgesetz (BerzGG), Bundesurlaubsgesetz (BUrlG). Besonders klausurrelevant sind das Kündigungsschutzgesetz (KSchG, vgl. Lektion 7, S. 61) und das Entgeltfortzahlungsgesetz (EFZG, vgl. Lektion 4, S. 26). Zur Unabdingbarkeit der *Fürsorgepflichten* vgl. § 619 BGB.

### 1.2.4. Tarifverträge und Betriebsvereinbarungen

Zu beachten ist hierbei, dass die Tarifvertragsparteien und Betriebspartner *Rechtsetzungsbefugnisse* besitzen.

#### 1.2.4.1. Der Tarifvertrag

Der Tarifvertrag regelt gemäß § 1 Abs. 1 TVG die Rechte und Pflichten der Vertragspartner untereinander (= *obligatorischer bzw. schuldrechtlicher Teil*). Der *normative Teil* regelt hingegen die Bedingungen bezüglich des Abschlusses, Inhalts und der Beendigung von Arbeitsverhältnissen. Er gilt unmittelbar und zwingend, § 4 I TVG. Der Tarifvertrag ist gemäß § 1 Abs. 2 TVG *schriftlich* von tariffähigen Parteien zu schließen. Er darf allerdings nicht gegen höherrangiges Recht verstoßen. Zu den Einzelheiten bzgl. Ansprüchen aus Tarifvertrag vgl. Lektion 10, Seite 88 ff.

### 1.2.4.2. Die Betriebsvereinbarung

Die Betriebsvereinbarung ist eine schriftliche Vereinbarung auf Betriebsebene zwischen einem einzelnen Arbeitgeber und dem Betriebsrat des Unternehmens. Sie betrifft den Inhalt, den Abschluss und die Beendigung von Arbeitsverhältnissen sowie betriebliche und betriebsverfassungsrechtliche Fragen und gilt unmittelbar und zwingend für alle Beschäftigten als „Gesetz des Betriebs". Die Betriebsvereinbarung darf aber nicht gegen höherrangiges Recht oder gegen bestimmte Grundsätze verstoßen.

**Beispiel 3:** Eine Vereinbarung zwischen Betriebsrat und Arbeitgeber, keine Raucherzonen im Betrieb bereitzustellen, um Nichtraucher vor den Gesundheitsgefahren und Belästigungen des Passivrauchens zu schützen, ist unter Abwägung des *Verhältnismäßigkeitsgrundsatzes* wirksam. Ein generelles Rauchverbot im Freien ist dagegen bedenklich.

### 1.2.5. Der Arbeitsvertrag

Der Arbeitsvertrag ist Ausfluss der Privatautonomie, wird jedoch durch die Arbeitnehmerschutzbestimmungen sehr eingeschränkt.

### 1.2.6. Dispositives Gesetzesrecht

Arbeitgeber und Arbeitnehmer können vereinbaren, dass eine bestimmte Vorschrift nicht gilt, also *abbedungen* wird, sofern das Gesetz dies zulässt, also zur *Disposition* der Parteien steht.

**Beispiel 4:** Dispositiv ist z.B. § 616 BGB.

### 1.2.7. Das Direktionsrecht des Arbeitgebers

Durch das Weisungsrecht ist der Arbeitgeber berechtigt, in den Grenzen des Arbeitsvertrages die Vertragspflichten seines Arbeitnehmers zu konkretisieren, z.B. indem er festlegt, dass bestimmte Aufgaben Vorrang haben, vgl. Lektion 5, Seite 41.

## 1. Das Zustandekommen

Grundsätzlich gelten für beide Vertragsparteien die Regelungen der allgemeinen Vertragslehre. Der Arbeitsvertrag kommt also durch übereinstimmende Willenserklärungen – Angebot und Annahme gemäß §145 ff. BGB - zustande. Beide Seiten können dabei frei entscheiden, ob und mit wem sie ein Arbeitsverhältnis begründen, sog. *Abschlussfreiheit*. Der Vertrag kann auch *mündlich*, d. h. formfrei geschlossen werden, soweit andere (tarifvertragliche) Bestimmungen dem nicht entgegenstehen. Nach ganz h. M. wird das Arbeitsverhältnis bereits durch den Abschluss des Vertrags begründet und nicht erst durch die tatsächliche Einstellung des Arbeitnehmers, sog. *Vertragstheorie*.

Die Gestaltungsfreiheit über den *Inhalt* des Arbeitsverhältnisses unterliegt allerdings den Beschränkungen der auf S. 14 aufgezählten Arbeitsschutzbestimmungen sowie der Tarifverträge und Betriebsvereinbarungen. Widersprechen einzelne Vereinbarungen im Arbeitsvertrag gesetzlichen oder tariflichen Normen, so ist im Regelfall nicht der Arbeitsvertrag nichtig, sondern es gilt statt der arbeitsvertraglichen Abrede das Gesetz bzw. der Tarifvertrag.

Der privatrechtliche Arbeitsvertrag stellt immer eine Sonderform des Dienstvertrags i. S. v. §§ 611 ff. BGB dar. In den meisten Fällen wird er durch Gesetz, Tarifvertrag, betriebliche Übung und das Direktionsrecht noch hinreichend konkretisiert bzw. modifiziert.

Zu beachten ist, dass der **Minderjährige** gemäß § 113 BGB selbst den *Arbeitsvertrag* abschließen kann, wenn er dazu von seinem gesetzlichen Vertreter (regelmäßig den Eltern) *ermächtigt* wurde. Er kann dann auch solche Rechtsgeschäfte vornehmen, welche die Eingehung oder Aufhebung eines Dienst- oder Arbeitsverhältnisses der gestatteten Art oder die Erfüllung der sich aus einem solchen Verhältnis ergebenden Verpflichtungen betreffen. Dazu gehört z.B. die Eröffnung eines Girokontos. Nach h.M. gilt § 113 hingegen nicht für den *Berufsausbildungsvertrag*, da hier im Grunde kein Dienst- oder Arbeitsvertrag vorliege, sondern der *Ausbildungszweck* (vgl. § 1 Abs. 2 Berufsbildungsgesetz) überwiege. Deshalb verbleibt es hier bei den allgemeinen Regeln der §§ 106 ff.

## 2. Ausnahmen von der Vertragsfreiheit

Wie eben dargelegt, unterliegt die Vertragsfreiheit einigen gesetzlichen Einschränkungen.

- Der Arbeitgeber darf gemäß § 611 a Abs. 1 BGB den Bewerber bzw. die Bewerberin nicht wegen des Geschlechts unmittelbar oder mittelbar benachteiligen. Verstößt der Arbeitgeber gegen diese Vorschrift, und liegen die Voraussetzungen des § 611 a Abs.1 S. 2 BGB nicht vor, steht dem diskriminierten Bewerber zwar kein Anspruch auf Einstellung, aber nach § 611 a Abs. 2 immerhin ein Anspruch auf angemessene Entschädigung zu.
- Kinder (= Personen unter 15 Jahren) dürfen gemäß § 5 I JArbSchG grundsätzlich nicht beschäftigt werden.
- Gegenüber dem aufgehobenen Schwerbehindertengesetz sind in § 81 Abs. 2 SGB IX Regelungen zum Verbot der Benachteiligung schwerbehinderter Menschen bei der Einstellung und dem beruflichen Aufstieg hinzugekommen. Entsprechend § 611 a des Bürgerlichen Gesetzbuches (BGB) kann der schwerbehinderte Mensch eine Entschädigung bei einem Verstoß gegen das Benachteiligungsverbot erhalten.
- Die Abschlussfreiheit des *öffentlichen Arbeitgebers* ist durch Art. 33 Abs. 2 GG eingeschränkt. Eignung, Befähigung und fachliche Leistung sollen über die Zuweisung freier Arbeitsplätze an die Bewerber entscheiden.

## 3. Die Anfechtung des Arbeitsvertrags

Der Arbeitsvertrag kann (wie jeder andere Vertrag auch) gemäß §§ 119 ff., 123 BGB angefochten werden.

### 3.1. Anfechtungserklärung

Gemäß § 143 Abs. 1 BGB erfolgt die Anfechtung durch Erklärung gegenüber dem Anfechtungsgegner. Kommt in der Erklärung des Arbeitgebers (oder Arbeitnehmers) das Wort „Anfechtung" nicht vor, muß gemäß §§ 133, 157 BGB ausgelegt werden, ob nicht möglicherweise eine *Kündigung* gemeint ist. Für eine Anfechtung reicht aus, wenn der Anfechtende deutlich macht, dass er den Vertrag wegen eines *Willensmangels* nicht gelten lassen möchte.

**Beispiel 1:** A wurde von seinem Arbeitnehmer bei Vertragsschluß *arglistig getäuscht* und möchte die Einstellung rückgängig machen.

### 3.2. Anfechtungsgründe

#### 3.2.1. Irrtum über verkehrswesentliche Eigenschaft

Gemäß § 119 Abs. 2 BGB ist die Anfechtung aufgrund eines Irrtums über eine verkehrswesentliche Eigenschaft möglich. Die Eigenschaft ist verkehrswesentlich, wenn sie nach der Verkehrsanschauung für das fragliche Rechtsgeschäft von wesentlicher Bedeutung ist. Hierunter fallen sowohl Eigenschaften der Person als auch tatsächliche Verhältnisse.

**Beispiel 2:** Arbeitgeber A hat sich über eine bestehende Schwangerschaft seiner Arbeitnehmerin geirrt bzw. hatte bei Vertragsschluß keine Kenntnis davon. Für ihn war diese Eigenschaft wesentlich, da er bei Kenntnis möglicherweise den Vertrag nicht oder nicht so abgeschlossen hätte. Kann A den Arbeitsvertrag gemäß § 119 Abs. 2 anfechten?

**Lösung:** Eine Eigenschaft setzt eine *gewisse Dauer* voraus. Die Schwangerschaft stellt jedoch nur einen *vorübergehenden Zustand* dar und ist daher nach Ansicht des BAG nicht verkehrswesentlich.

**Beispiel 3:** Ehrlichkeit und Vertrauenswürdigkeit sind wichtige Eigenschaften eines Kassierers. Stellt sich nach Abschluss des Arbeitsvertrages heraus, dass eine einschlägige Vorstrafe nicht angegeben wurde, kann der Arbeitgeber nach § 119 Abs. 2 anfechten.

### 3.2.2 Arglistige Täuschung

Eine arglistige Täuschung durch bewußte Falschbeantwortung einer Einstellungsfrage liegt nur vor, wenn die Frage **zulässig** war.

Hierbei ist ein Interessenwiderstreit zu beachten: einerseits hat der Arbeitgeber vor Abschluß des Vertrages ein Interesse daran, möglichst viel über den Stellenbewerber zu erfahren, andererseits ist der Arbeitnehmer daran interessiert, möglichst wenig von seinen privaten Lebensumständen gegenüber einer ihm fremden Person zu offenbaren.

Aufgrund dieses Konflikts unterliegt das Fragerecht des Arbeitgebers Beschränkungen. Er darf dem Bewerber nur Fragen stellen, die für den Arbeitsplatz *erheblich* sind. Bei *unerheblichen* Fragen hat der Bewerber aufgrund seines schutzwürdigen **Allgemeinen Persönlichkeitsrechts** (hergeleitet aus Art. 1 GG iVm Art. 2 I GG) ein „Recht zur Lüge". Der Arbeitgeber kann dann den Arbeitsvertrag wegen dieser Lüge nicht anfechten!

**Zulässig** sind also nur Fragen, die *konkrete Bedeutung* für den zu besetzenden Arbeitsplatz haben, z.B. beruflicher Werdegang, bisherige Gehaltshöhe.

Ob der Arbeitgeber nach der **Schwerbehinderteneigenschaft** fragen darf, ist streitig. Das **BAG** hat diese Frage lange mit folgender Begründung **bejaht:** Ist der Stellenbewerber nach den Vorschriften des Schwerbehindertengesetzes anerkannt, knüpfen sich daran für den Arbeitgeber während der gesamten Dauer des Arbeitsverhältnisses zahlreiche gesetzliche Pflichten nach dem SGB IX.

Diese begründeten ein berechtigtes Interesse des Arbeitgebers, den Stellenbewerber bei den Einstellungsverhandlungen nach dem Schwerbehindertenstatus zu fragen. Aufgrund des **Europäischen Diskriminierungsverbotes** nach der Richtlinie 2000/78/EG und der zwischenzeitlich neu geschaffenen §§ 81 ff. SGB IX dürfte diese Rechtsprechung allerdings nicht mehr aufrecht zu erhalten sein.

Die Frage nach einer (einfachen) **Behinderung** ist dagegen nur zugelassen, wenn die Behinderung erfahrungsgemäß die Eignung des Stellenbewerbers für die vorgesehene Tätigkeit beeinträchtigt.

Bei Vertrauenspositionen (Kassierer, Prokurist) ist auch die Frage nach **Vorstrafen** wegen Untreue, Diebstahl, Unterschlagung zulässig. Relevant sind allerdings nur Vorstrafen, die noch nicht im Zentralregister gelöscht sind. Auch bei sog. **Tendenzbetrieben** können tiefergehende persönliche Fragen zulässig sein. Ein Tendenzbetrieb liegt insbesondere vor, wenn das Unternehmen *politischen* oder *konfessionellen* Bestimmungen dient.

**Beispiel 4:** Privatschule, Kindergarten oder Krankenhaus in kirchlicher Trägerschaft sowie Partei- oder Gewerkschaftseinrichtungen.

Bei **Krankheiten** gilt: Sofern die Arbeitsfähigkeit durch den schlechten Gesundheitszustand schwerwiegend beeinträchtigt und gemindert wird, besteht ein Fragerecht. Die Frage nach der **Aids-Erkrankung** (= Ausbruch der Krankheit) ist zulässig, weil die Leistungspflicht dadurch erheblich herabgesetzt ist. Inwieweit eine Fragerecht zur bloßen **HIV-Infektion** besteht, ist dagegen umstritten. Befürwortet wird das Fragerecht wegen der Ansteckungsgefahr zumindest dann, wenn der Bewerber in ärztlichen Heilberufen oder im Lebensmittelbereich tätig werden will.

**Unzulässig** sind insbesondere folgende Fragen:

- **Intime Fragen,** die in keinem Zusammenhang mit der zu leistenden Arbeit stehen.

  **Beispiel 5:** Die Frage „Nehmen Sie die Anti-Baby-Pille?“ ist unzulässig. Die Frage nach möglicher Homosexualität wäre bei einer Stellenbewerbung als Barchef in einem Männer-Sauna-Club aber durchaus zulässig.

- Die Frage nach der **Schwangerschaft** vor Einstellung einer Arbeitnehmerin enthält in der Regel eine unzulässige Benachteiligung wegen des Geschlechts und verstößt damit gegen das Diskriminierungsverbot des § 611a BGB. Gleichgültig ist hierbei, ob sich nur Frauen oder auch Männer um den Arbeitsplatz bewerben.

- Fragen zu der **Konfessions-, Gewerkschafts- oder Parteizugehörigkeit.**

- Fragen zu den **Vermögensverhältnissen.**

Zu beachten ist, dass bei Fragen, die unzulässig sind, grundsätzlich auch keine verkehrswesentliche Eigenschaft gemäß § 119 Abs. 2 (s.o.) vorliegt.

Eine arglistige Täuschung kann auch durch **Unterlassen** geschehen. Stellt der Arbeitgeber beim Vorstellungsgespräch selbst keine Fragen, dann kommt eine Täuschung des Bewerbers in Betracht, wenn er *bewußt Tatsachen verschweigt*. Voraussetzung ist, dass dem Bewerber eine *Offenbarungspflicht* obliegt. Diese ergibt sich nach dem *BAG* nur dann, wenn der Arbeitgeber eine Aufklärung nach Treu und Glauben erwarten durfte.

**Beispiel 6:** Bei einem Beschäftigungs- oder Berufsverbot (z.B. als Taxi- oder LKW-Fahrer) besteht eine Offenbarungspflicht des Bewerbers.

## 3.3. Anfechtungsfrist

Die Anfechtung muss in dem Fall des § 119 gemäß § 121 BGB ohne schuldhaftes Zögern erfolgen. Hierbei finden nach h. M. die Grundsätze des **§ 626 Abs. 2 BGB** entsprechende Anwendung, d. h. die Frist beträgt *zwei Wochen* nach Erlangung der Kenntnis. Die Anfechtung wegen arglistiger Täuschung kann dagegen gemäß § 124 Abs. 1 BGB binnen eines Jahres erfolgen.

## 3.4. Rechtsfolge

Es besteht ein sog. faktisches bzw. fehlerhaftes Arbeitsverhältnis. Die Anfechtung hat regelmäßig zur Folge, dass der Vertrag rückwirkend – also ex tunc – nichtig wird, § 142 Abs. 1 BGB. Die gegenseitig erbrachten Leistungen müssten dann nach §§ 812 ff. BGB rückabgewickelt werden. Dies führt dazu, dass der Arbeitnehmer, der ja schon seine Arbeitsleistungen erbracht hat, keinen vertraglichen Anspruch auf Lohn hätte. Dadurch entstehen – wie bei allen *Dauerschuldverhältnissen* - Rückabwicklungsschwierigkeiten. Daher ist im Arbeitsrecht stets zu fragen: War das Arbeitsverhältnis schon **in Vollzug gesetzt?**

- Falls ja: Die Anfechtung wirkt (wie eine Kündigung) lediglich für die Zukunft (ex nunc)
- Falls nein: Die Anfechtung wirkt rückwirkend (ex tunc).

## 3.5. Das faktische Arbeitsverhältnis

Es kann vorkommen, dass der Arbeitsvertrag fehlerhaft und deshalb unwirksam ist. Dies würde eigentlich dazu führen, dass der Arbeitnehmer keinerlei vertragliche Ansprüche auf Entgelt hätte. Für die von ihm geleistete Arbeit könnte er lediglich auf das Bereicherungsrecht zurückgreifen. Hierbei würde ihm das Risiko auferlegt, dass der Arbeitgeber den Wegfall der Bereicherung (§ 818 Abs. 3 BGB) geltend macht.

Um diesem unbilligen Ergebnis zu entgehen, wurde die Rechtsfigur des faktischen Arbeitsverhältnisses entwickelt. Das **faktische Arbeitsverhältnis** setzt voraus, dass

- ein fehlerhafter Arbeitsvertrag z.B. wegen Dissens, Nichtigkeit nach § 105 BGB oder Anfechtung nach §§ 119 ff. BGB vorhanden ist;
- die Arbeit aufgenommen wurde, sog. Vollzug des Arbeitsvertrages;
- keine überwiegenden Interessen Einzelner oder der Allgemeinheit entgegenstehen.

Rechtsfolge ist, dass das Arbeitsverhältnis für die Vergangenheit wie ein wirksames Arbeitsverhältnis behandelt wird. Das heißt, der Arbeitnehmer hat seinen Lohnanspruch, Ansprüche auf Zeugnis, Urlaub usw.

**Beispiel 7:** Sachbearbeiter A und Arbeitnehmer B schließen einen Arbeitsvertrag. Dieser ist jedoch nichtig, da A die Vollmacht zum Vertragsabschluß fehlte und auch später keine Genehmigung nach § 177 BGB erfolgte. B hatte seine Arbeit bereits aufgenommen und zumindest er ging davon aus, dass der Vertrag gültig sei. Kann B für die geleistete Arbeit Lohnzahlung verlangen?

**Lösung:** Nach den Grundsätzen des faktischen Arbeitsverhältnisses kann B trotz fehlenden Arbeitsvertrags Lohnzahlung verlangen.

## 3.6. Ersatz der Vorstellungskosten

Auch wenn kein Arbeitsvertrag zustande gekommen ist, kann der Arbeitnehmer unter bestimmen Umständen einen Anspruch auf Ersatz der **Vorstellungskosten** geltend machen.

**Beispiel 8:** Arbeitgeber A fordert den Interessenten B zum Vorstellungsgespräch auf. B nimmt daraufhin einen weiten Anfahrtsweg von 600 Kilometern in Kauf und übernachtet vor Ort. A stellt den B nicht ein. Kann B trotzdem die Hotel-, Fahrt-, und Verpflegungskosten von A verlangen?

**Lösung:** Hier ist i. S. v. § 662 BGB von einem Auftrag des Arbeitgebers auszugehen. Der beauftragende Arbeitgeber hat dem interessierten Arbeitssuchenden dessen Aufwendungen in den Grenzen des **§ 670 BGB** zu ersetzen.

Ein Aufwendungsersatz kommt allerdings nicht in Betracht, wenn der Bewerber sich *unaufgefordert* in den Betrieb des Arbeitgebers begibt. Dann trägt er die Kosten selbst. § 670 BGB setzt weiter voraus, dass der Bewerber nur solche Kosten verursacht, die er den Umständen nach *für erforderlich* halten darf. Die Kosten für Luxushotels, Bahnfahrten in der ersten Klasse usw. werden damit im Regelfall nicht über § 670 BGB ersetzt.

### ▸ Literatur zu dieser Lektion

Greifswald, **JA** 1994, 532 (Anfechtung - Grundlagen)

Löwisch/Kaiser, **Jura** 1998, 360 (Anfechtung - Klausur)

## Lektion 4: Die Pflichten des Arbeitgebers

**1. Lohnfortzahlung (Hauptpflicht)**
**2. Gleichbehandlung der Arbeitnehmer**
**3. Fürsorgepflichten**
**4. Gewährung von Ansprüchen aus betrieblicher Übung**

### 1. Lohnfortzahlung

Die Hauptpflicht des Arbeitgebers ist die Entgeltzahlung. Anspruchsgrundlage für den Vergütungsanspruch ist § 611 BGB i. V. m. dem Arbeitsvertrag. In der Regel ist die Vergütung in Geld vereinbart, wobei der Arbeitgeber den Bruttolohn schuldet. Dessen konkrete Höhe ergibt sich entweder aus dem Tarifvertrag oder aus dem zugrundeliegenden Arbeitsvertrag. Der Arbeitgeber hat bei der Auszahlung diesen Bruttobetrag um die gesetzlichen Abzüge, wie beispielsweise Steuer, Solidaritätszuschlag und Sozialversicherungsabgaben, zu kürzen.

Das Entgelt muss erst nach der Dienstleistung gezahlt werden, § 614 BGB. Der Arbeitnehmer ist somit **vorleistungspflichtig**, aufgrund der Vertragsautonomie sind abweichende Vereinbarungen jedoch zulässig. Grundsätzlich gilt: **„Ohne Arbeit kein Lohn“.**

Es kommt jedoch vor, dass der Arbeitnehmer aus besonderen Gründen seiner Arbeitsleistung nicht nachkommen kann. In diesen bestimmten Fällen ist der Arbeitgeber ausnahmsweise dazu verpflichtet, den Lohn auszuzahlen, ohne dass für ihn ein Anspruch auf Arbeitsleitung besteht. Dazu ist jedoch jeweils eine besondere Rechtsgrundlage erforderlich. Liegt diese vor, steht dem Arbeitnehmer ein Anspruch auf „Lohn ohne Arbeit“ zu.

**Fallgruppen „Lohn ohne Arbeit“**

**1.1. Leistungsverhinderung des ArbN, § 616 BGB**
**1.2. Krankheit des ArbN, § 3 Entgeltfortzahlungsgesetz**
**1.3. Vergütung bei Urlaub, § 1 BUrlG**
**1.4. Vergütung bei Mutterschaftsurlaub, § 11 MuSchG**
**1.5. Annahmeverzug des Arbeitgebers, §§ 615, 293 BGB**
**1.6. Vom ArbG verschuldete Unmöglichkeit, § 326 II BGB**
**1.7. Betriebsrisiko des Arbeitgebers, § 615**

### 1.1. Leistungsverhinderung des Arbeitnehmers

Zu beachten ist zunächst, dass die Arbeitsleistung eines Arbeitnehmers grundsätzlich zeitbezogen ist. Ausgefallene Arbeit – aus welchen Gründen auch immer – ist daher nicht nachholbar. Die Arbeitspflicht hat also einen *Fixschuldcharakter*, d. h., wenn nicht gearbeitet wurde, liegt Unmöglichkeit vor. Grundsätzlich entfällt der Lohnanspruch des Arbeitnehmers in einem solchen Fall gemäß § 326 I 1.

**Hinweis:** Diese Betrachtungsweise wird den modernen Formen von Arbeitsverhältnissen nicht immer gerecht, so z. B. bei Gleitzeitarbeit oder Arbeitszeitkonten. Neuerdings wird daher teilweise u.a. eine relative Fixschuld angenommen.

Ist der Arbeitnehmer jedoch aus **persönlichen Gründen** vorübergehend verhindert, gibt **§ 616 BGB** dem Arbeitnehmer einen Anspruch auf die Vergütung.

**Beispiel 1:** Unter § 616 fallen z.B. die schwere Krankheit eines nahen Angehörigen, die Niederkunft der Ehefrau, der Tod oder die Erkrankung des Ehepartners o. Kindes (wenn niemand anders die Krankenpflege übernehmen kann), die Ablegung von Prüfungen, eine gerichtliche Ladung, der Brand der Wohnung, die Wahrnehmung gewerkschaftlicher Pflichten und die Heirat; der Arztbesuch nur dann, wenn ein Termin außerhalb der Arbeitszeit trotz Bemühen des Arbeitnehmers nicht zu vereinbaren war.

## Voraussetzungen des § 616

- **Verhinderung** des Arbeitnehmers an der Arbeitsleistung für eine verhältnismäßig nicht erhebliche Zeit. In der Regel sind nur wenige Tage gedeckt.
- Es muss ein **in seiner Person** oder seinen persönlichen Verhältnissen liegender Grund gegeben sein. Ein solcher Grund ist nicht die krankheitsbedingte Arbeitsunfähigkeit, denn dann gilt § 3 EFZG (s.u.).
- **Ohne Verschulden.** Als Verschulden gilt nur eine leichtsinnige, unverantwortliche Selbstgefährdung oder ein *grober* Verstoß.

Der Verhinderungsgrund muss also gerade *in der Person* des Arbeitnehmers liegen und darf sich nicht auf einen größeren Personenkreis erstrecken.

**Beispiel 2:** Bei Verkehrsstau, Eisglätte, Schneeverwehungen, Smogalarm, starkem Nebel, Naturkatastrophen oder politischen Unruhen liegen die Gründe für das Arbeitshindernis nicht in der Person des Arbeitnehmers selbst, sondern erstrecken sich auf einen größeren Personenkreis.

## 1.2. § 3 Entgeltfortzahlungsgesetz

Die Zahlung des Arbeitsentgelts im Krankheitsfall und an Feiertagen regelt das Entgeltfortzahlungsgesetz. Anspruchsgrundlage des Arbeitnehmers auf Entgeltzahlung ist der **Arbeitsvertrag i. V. m. § 3 EFZG**. Sind die Voraussetzungen dieser Vorschrift gegeben, steht dem Arbeitnehmer gemäß §§ 3 Abs. 1, 4 Abs. 1 EFZG ein Entgeltfortzahlungsanspruch in Höhe der ausgefallenen Vergütung zu, sog. *Lohnausfallprinzip*.

Gemäß § 5 I EFZG ist der Arbeitnehmer verpflichtet, dem Arbeitgeber die Arbeitsunfähigkeit und deren voraussichtliche Dauer unverzüglich mitzuteilen. Dauert die Arbeitsunfähigkeit länger als drei Kalendertage, hat der Arbeitnehmer eine ärztliche Bescheinigung über das Bestehen der Arbeitsunfähigkeit sowie deren voraussichtliche Dauer spätestens an dem darauf folgenden Arbeitstag vorzulegen. Gemäß § 7 EFZG ist der Arbeitgeber berechtigt, die Fortzahlung des Arbeitsentgelts zu verweigern, solange der Arbeitnehmer die von ihm nach § 5 Abs. 1 vorzulegende ärztliche Bescheinigung nicht vorlegt. Für den Arbeitsausfall an einem *Feiertag* gilt die Feiertagslohnzahlung gemäß § 2 EFZG.

## Voraussetzungen des § 3 EFZG

- Wirksames Arbeitsverhältnis, welches mindestens **vier Wochen** ununterbrochen andauert, § 3 Abs. 3 EFZG.
- Eine Arbeitsverhinderung infolge einer auf **Krankheit** beruhenden Arbeitsunfähigkeit. Die Krankheit muss die alleinige Ursache für die Arbeitsverhinderung sein.
- **Ohne Verschulden** des Arbeitnehmers. Es gilt nicht der strenge Verschuldensmaßstab des § 276 BGB. Verschulden meint hier Verschulden gegen sich selbst, also ein grober Verstoß gegen das von einem verständigen Menschen im eigenen Interesse zu erwartende Verhalten.
- Beschränkung auf die Dauer von **sechs Wochen**. Nach Ablauf der Sechs-Wochen-Frist erhält der Arbeitnehmer Krankengeld gemäß §§ 44, 48 SGB V für 78 Wochen bei Arbeitsunfähigkeit wegen derselben Krankheit.

Der 6-Wochen-Zeitraum beginnt laut BAG nach dem letzten Tag der 4-wöchigen Wartezeit.

**Beispiel 3:** A fängt am 03.03. als Kassierer in einem Supermarkt an. Die gesetzliche Wartezeit von 4 Wochen (§ 3 Abs. 3 EFZG) läuft bis zum 30.03. Schon am 06.03. erkrankt A an einer Grippe und kann bis zum 14.03. nicht arbeiten. A erhält für die Krankheitstage wegen § 3 Abs. 3 EFZG keine Entgeltfortzahlung. Würde die Krankheit aber über den 30.03. hinaus andauern, könnte A ab 30.03. für 6 Wochen Entgeltfortzahlung verlangen.

Jede **neue Krankheit** (nicht dieselbe!) löst einen erneuten Lohnfortzahlungsanspruch von sechs Wochen aus, vgl. § 3 Abs.1 S. 2 EFZG.

**Beispiel 4:** A ist 5 ½ Wochen krank wegen Grippe. Dann geht er einen Tag lang arbeiten. Doch schon am nächsten Tag erkrankt A an einer Blinddarmentzündung. A hat nun einen neuen Anspruch auf Entgeltfortzahlung für die Dauer von sechs Wochen.

**Beispiel 5:** Arbeitnehmer A stürzte mit seinem Fahrrad, da er einem Hund ausweichen musste, der ohne Rücksicht auf Verluste ihm entgegen lief, um den Anschluss an eine Hündin nicht zu verlieren. Hierbei zog A sich mehrere Prellungen und eine Gehirnerschütterung zu. Er konnte sechs Wochen nicht arbeiten. Nachdem er die Arbeit 2 Tage aufgenommen hatte, konnte er 10 Tage wegen starker Kopfschmerzen infolge der Gehirnerschütterung nicht arbeiten. - Fraglich ist, ob dasselbe Grundleiden besteht. Bei typischen Folge- oder Fortsetzungskrankheiten ist dies zu bejahen. Eine Entgeltfortzahlung wegen der starken Kopfschmerzen infolge der Gehirnerschütterung scheidet demnach aus.

Problematisch ist regelmäßig die Frage des **Verschuldens.** Allgemein auftretende Erkrankungen sind grundsätzlich unverschuldet. Unverschuldet sind auch die Fälle des § 3 Abs. 2 EFZG (Schwangerschaftsabbruch, Sterilisation). Arbeits- und Verkehrsunfälle sind nur bei grob fahrlässigem Verhalten verschuldet, z.B. bei unangeschnalltem Fahren oder Trunkenheitsfahrt. Die **Alkoholabhängigkeit** stellt eine Krankheit dar. Dem Arbeitnehmer ist eine Steuerung seines Verhaltens oft nicht mehr möglich. Hierbei muss immer genau auf den Einzelfall eingegangen werden.

Bei **Sportunfällen** handelt der Arbeitnehmer schuldhaft, wenn

- er sich in einer Weise sportlich betätigt, die seine Kräfte deutlich übersteigt
- er in grober Weise und leichtsinnig gegen anerkannte Regeln der jeweiligen Sportart verstößt
- die Sportart gefährlich war. Die Sportart ist gefährlich, wenn das Verletzungsrisiko bei objektiver Betrachtung so groß ist, dass auch ein gut ausgebildeter Sportler bei sorgfältiger Beachtung aller Regeln dieses Risiko nicht vermeiden kann. Sportarten wie Fußballspielen, Bergsteigen, Boxen, Skifahren sind durchaus üblich und gelten daher nicht als „gefährlich". Drachenfliegen ist nach *BAG* keine gefährliche Sportart im Sinne der Lohnfortzahlungsbestimmungen, wenn die bekannten Sicherheitsvorkehrungen und Regeln beachtet werden.

## 1.3. Vergütungsanspruch bei Urlaub

Der Arbeitgeber hat seinem Arbeitnehmer in jedem Kalenderjahr einen bezahlten Mindesturlaub zu gewähren. Die genauen Urlaubsbestimmungen regelt das BUrlG. Anderweitige Vereinbarungen können zwar getroffen werden. Solche, die zu Ungunsten des Arbeitnehmers von den gesetzlichen Regelungen der §§ 1, 2, 3 Abs. 1 BUrlG abweichen, sind gemäß § 13 Abs. 1 BUrlG aber unzulässig, es gilt die **Unabdingbarkeit.**

Die Höhe des geschuldeten **Urlaubsentgelts,** also des während des Erholungsurlaubs vom Arbeitgeber an den Arbeitnehmer weitergezahlten Entgelts, ist gemäß § 11 Abs.1 BUrlG anhand des durchschnittlichen Verdienstes der letzten 13 Wochen vor Urlaubsbeginn zu ermitteln. Daneben besteht möglicherweise ein Anspruch auf **Urlaubsgeld.** Dies ist eine über das Urlaubsentgelt hinaus gezahlte *zusätzliche* Vergütung und kann im Tarifvertrag, in der Betriebsvereinbarung, durch betriebliche Übung oder im Arbeitsvertrag geregelt werden.

## Voraussetzungen des Urlaubsanspruchs nach d. BUrlG

- Erholungsurlaub kann nur während eines **bestehenden Arbeitsverhältnisses** beansprucht werden.

  **Hinweis:** Kann der Urlaub wegen Beendigung des Arbeitsverhältnisses nicht genommen werden, ist dieser abzugelten, § 7 Abs. 4 BUrlG.

- Der Urlaubsanspruch entsteht gemäß § 1 jeweils am Anfang eines Kalenderjahres, der Anspruch auf vollen Jahresurlaub wird erstmalig nach einer **Wartezeit von sechs Monaten** erworben, § 4 BurlG.

  **Hinweis:** Maßgeblich ist die Zeit des *rechtlichen* Bestandes des Arbeitsverhältnisses. Unterbrechungen (z.B. durch Krankheit) sind unerheblich.

- Mangels günstigerer Regelungen gilt der **Mindesturlaubsanspruch** gemäß § 3 Abs. 1 BurlG, d.h. grundsätzlich **24 Tage** bzw. 4 Wochen.

  **Hinweis:** Minderjährige und Schwerbehinderte erhalten bis zu 6 Tage Urlaub mehr, vgl. § 19 JArbSchG und § 125 SGB IX.

- **Vorurlaub** (eines früheren Arbeitgebers) wird angerechnet, § 6 Abs. 1 BurlG.

- **Krankheitstage** werden nicht angerechnet, § 9 BUrlG

- Ein **Teilurlaubsanspruch** ist möglich gemäß § 5 BUrlG.

- **Resturlaub** kann unter den Voraussetzungen des § 7 Abs. 3 BUrlG auf die ersten drei Monate des Folgejahres übertragen werden.

Nach § 8 BUrlG darf der Arbeitnehmer während seines Urlaubs keiner dem Urlaubszweck widersprechenden Erwerbstätigkeit nachgehen. Er ist daher nicht berechtigt, während seines Urlaubs zu arbeiten.

## 1.4. Vergütung bei Mutterschaftsurlaub, § 11 MuSchG

Gemäß § 11 MuSchG ist einer Frau, die unter § 1 des MuSchG fällt, der Durchschnittsverdienst der letzten dreizehn Wochen oder der letzten drei Monate vor Beginn des Monats, in dem die Schwangerschaft eingetreten ist, weiter zu gewähren. Voraussetzung hierfür ist, dass die Frau wegen eines **Beschäftigungsverbotes** nach dem MutterschutzG oder wegen des Mehr-, Nacht- oder Sonntagsarbeitsverbots nach dem MuSchG teilweise oder völlig mit der Arbeit *aussetzen* muss. Ein absolutes Beschäftigungsverbot gilt gemäß § 3 Abs. 2 MuSchG für die Zeit von *sechs Wochen vor* und gemäß § 6 Abs. 1 Satz 1 MuSchG *acht Wochen nach* der Entbindung.

## 1.5. Annahmeverzug des Arbeitgebers

§ 615 i. V. m. §§ 293 ff. BGB gewährt dem Arbeitnehmer bei Annahmeverzug des Arbeitgebers einen Vergütungsanspruch. Dieser wird vor allem in den Fällen relevant, in denen der Arbeitgeber dem Arbeitnehmer fristlos kündigt und ihn sogleich „vor die Tür“ setzt. Rechtsfolge des Annahmeverzugs ist, dass der Arbeitnehmer einen Anspruch auf Zahlung der Vergütung i. S. v. § 615 S. 1 BGB hat. Es findet jedoch eine Anrechnung statt, vgl. § 615 S. 2 BGB.

**Beispiel 6:** D. River (D) ist bei einer Geldtransport-Firma als Fahrer angestellt. Der Inhaber der Firma, S. Ecurity (E), kündigt ihm am 15.11. fristlos, da er den D des Diebstahls bezichtigt und schickt ihn nach Hause. Der Anwalt des D faxt dem E am 16.11., dass D seine Arbeitskraft weiterhin anbiete. E lehnt aber dankend ab. Als der Fall am 16.12. vor dem Arbeitsgericht verhandelt wird, stellt sich heraus, dass D nicht gestohlen hat, mithin kein Grund für eine fristlose Kündigung bestand. D verlangt nun Zahlung des Lohnes für die Zeit vom 15.11. bis 16.12. Zu Recht?

**Lösung:** Zwar hat D vom 15.11. bis 16.12. nicht gearbeitet. Dennoch kann er seinen Lohn fordern, da E sich zu dieser Zeit im Annahmeverzug gemäß §§ 615, 293 ff. BGB befand.

## Voraussetzungen des Annahmeverzugs, §§ 615, 293 ff.

- Dem Arbeitgeber muss ein **erfüllbarer Anspruch** auf Arbeitsleistung zustehen.
- Der Arbeitnehmer muss ein **ordnungsgemäßes Angebot** abgeben.

  **Hinweis:** Als Grundsatz zur Angebotsform gilt hier **§ 294 BGB**, es muss also *tatsächlich* angeboten werden. Dieses Kriterium liefert jedoch gerade im Arbeitsrecht Probleme, da der Arbeitnehmer seine Arbeitsleistung nur in den seltensten Fällen tatsächlich anbietet.

  Ausreichend ist daher gemäß **§ 295 BGB** ein *wörtliches Angebot*, wenn der Arbeitgeber bestimmt und eindeutig erklärt hat, er werde die Leistung nicht annehmen.

  Gemäß **§ 296 BGB** ist sogar ein wörtliches Angebot nach Ansicht des BAG entbehrlich, wenn der Arbeitgeber durch eine Kündigung oder durch ein anderes Verhalten ernsthaft zu erkennen gegeben hat, dass er die Arbeitsleistung nicht annehmen werde. Denn dann hat der Arbeitgeber die erforderliche Mitwirkungshandlung - das Zur-Verfügung-Stellen des Arbeitsplatzes - unterlassen. Durch eine unberechtigte, fristlose Kündigung gerät der Arbeitgeber daher nach Ansicht des BAG automatisch in Annahmeverzug.

- Der Arbeitnehmer ist zur Arbeitsleistung **fähig und bereit, § 297 BGB.** Daran fehlt es, wenn er z.B. krank wird.
- Nach **§ 293 BGB** darf der Arbeitgeber die angebotene Leistung grundsätzlich **nicht angenommen** haben.

## 1.6. Vom Arbeitgeber verschuldete Unmöglichkeit, § 326 Abs. 2 Satz 1, 1. Alt. BGB

Es kann vorkommen, dass dem Arbeitnehmer die Arbeitsleistung unmöglich ist, weil dem Arbeitgeber schuldhaft ein Fehler unterlaufen ist. In diesem Fall behält der Arbeitnehmer gemäß § 326 Abs. 2 Satz 1, 1. Alt. BGB seinen Anspruch.

**Beispiel 7:** C ist im Salon der B als Kosmetikerin angestellt. Am Mittwoch um 9 Uhr kam C wie üblich zur Arbeit, konnte aber nicht damit beginnen. Grund: B hatte kurz vorher grob fahrlässig eine Zigarette fallengelassen und so einen kleinen Brand entfacht. Daher konnte in den Räumen an diesem Tag nicht gearbeitet werden. Kann C trotzdem ihren Lohn fordern?

**Lösung:** C hat einen Anspruch aus §§ 611, 326 Abs. 2 S.1, 1. Alt. BGB i. V. m. dem Arbeitsvertrag, da die B für die Unmöglichkeit der Arbeitsleitung (diese ist wegen des Fixschuldcharakters der Arbeitspflicht grds. nicht mehr nachholbar) allein verantwortlich ist.

## Voraussetzungen des § 326 Abs. 2 Satz 1, 1. Alt. BGB

- **Nachträgliche Unmöglichkeit**

  Da Arbeit grds. nicht nachholbar ist, tritt wegen des absoluten *Fixschuldcharakters* der Arbeitspflicht Unmöglichkeit ein.

- Vom **Arbeitgeber zu vertreten, §§ 276, 278 BGB**

- Anderweitiger Erwerb wird angerechnet, § 326 Abs. 2 S. 2

Abzugrenzen ist die vom Arbeitgeber zu vertretende Unmöglichkeit gemäß § 326 Abs. 2 Satz 1, 1. Alt. vom Annahmeverzug des Arbeitgebers gemäß § 615.

Man könnte in *Beispiel 7* auch auf die Idee kommen, dass die C wegen Annahmeverzugs einen Lohnanspruch gemäß §§ 615, 293 ff. gegen die B habe, weil C ihre Arbeitsleistung angeboten und B diese nicht angenommen habe.

Es stellt sich damit die Frage, wann § 615 und wann § 326 Abs. 2 Satz 1, 1. Alt. anzuwenden ist. § 615 setzt jedoch voraus, dass die Leistungserbringung *möglich* ist. Als Faustregel kann man sich daher merken, dass die Fälle der *Verweigerung der Annahme* durch den Arbeitgeber unter § 615 fallen, da hier meist die Leistungserbringung noch möglich wäre. Die sonstigen Fälle der verschuldeten Unmöglichkeit fallen hingegen unter § 326 Abs. 2 Satz 1, 1. Alt.

B hat in *Beispiel 7* nicht die Annahme verweigert. Wegen des Brandes *bestand gar nicht die Möglichkeit*, dass C ihre Arbeit aufnahm. Daher ist nicht § 615, sondern § 326 Abs. 2 Satz 1, 1. Alt. gegeben.

## 1.7. Betriebsrisikolehre

Es kann passieren, dass der Arbeitnehmer in Person zur Arbeit fähig ist, der Arbeitgeber ihn aber wegen einer Betriebsstörung nicht beschäftigen kann. Dieses sog. „Betriebsrisiko“ hat dann grundsätzlich der Arbeitgeber zu tragen. Er muss also den Lohn zahlen.

**Beispiel 8:** Beispiele für eine Betriebsstörung sind die Unterbrechung der Stromzufuhr, Materialknappheit, Naturkatastrophen wie z.B. plötzlicher Kälteeinbruch, Ausfall von Maschinen, Überschwemmung, Brand.

Abzugrenzen ist der Begriff „Betriebsstörung“, also die Störung *aus der betrieblichen Sphäre*, von folgenden Begriffen:

- **Wegerisiko:** Gibt es auf dem Weg zu Arbeit Verkehrsprobleme, z.B. Staus, trägt dieses sog. *Wegerisiko* grds. der Arbeitnehmer! Er kann keinen Lohn fordern.

- **Wirtschaftsrisiko:** Es kann vorkommen, dass die Arbeit an sich technisch zwar möglich ist, also kein Betriebsrisiko vorliegt, sie aber wirtschaftlich sinnlos ist, z.B. weil es Auftragsmangel bzw. Absatzprobleme gibt. Dieses sog. Wirtschaftsrisiko trägt grds. der Arbeitgeber! Er muss also weiter den Lohn zahlen.

- **Arbeitskampfrisiko:** Darunter versteht man eine Störung, die insbesondere auf den **Streik** von Arbeitnehmern zurückzuführen ist. Streiken Arbeitnehmer im *eigenen* Betrieb, so wird der Arbeitgeber von der Vergütungspflicht grds. frei. Wird ein Betrieb *mittelbar* betroffen, sog. **Fernwirkung** (z.B. weil bei der Zuliefer-Firma gestreikt wird), so muss der Arbeitgeber die Vergütung grds. zahlen. Anders ist es nur dann, wenn die Fernwirkungen des Streiks auf den eigenen Betrieb das Kräfteverhältnis der kämpfenden Parteien beeinflussen. Das ist z.B. dann der Fall, wenn die für den mittelbar betroffenen Betrieb zuständigen Arbeitnehmerverbände dieselben wie die sind, die für den Streik verantwortlich sind. Dann wiederum muss der Arbeitgeber den Lohn grds. nicht zahlen, vgl. Lektion 9, S. 84.

## Voraussetzungen der Betriebsrisikolehre

- Vorliegen einer **Betriebsstörung**, die es dem Arbeitnehmer unmöglich macht, seine Dienste zu leisten.
- Die Störung ist **weder vom Arbeitgeber noch vom Arbeitnehmer zu vertreten.** Hat der Arbeitgeber die Störung zu vertreten, gilt § 326 Abs. 2 Satz 1, 1.Alt.!
- **Keine anderweitige Regelung** des Betriebsrisikos durch Tarif- oder Arbeitsvertrag, z.B. Schlechtwetterregeln.

Da die Gründe der Betriebsstörung nicht in der Person des Arbeitnehmers liegen, stellt § 616 BGB nicht die passende Anspruchsgrundlage für den Entgeltanspruch dar. Vielmehr ist **§ 615 S. 3 BGB i.V. m. der Betriebsrisikolehre** einschlägig.

Liegen die Voraussetzungen der Betriebsrisikolehre vor, so hat grundsätzlich der Arbeitgeber das Risiko der Betriebsstörung zu tragen, d. h. der Arbeitnehmer hat einen Anspruch auf Entgelt. Anders ist es nur dann, wenn der Betrieb in seiner **Existenz gefährdet** ist. Dann hat der Arbeitnehmer keinen Anspruch auf Entgelt.

Der Grund dafür, dass dem Arbeitgeber das Betriebsrisiko auferlegt wird ist, dass er den Betrieb selbst organisieren kann. Auch kann er anders als der Arbeitnehmer Betriebsstörungen einkalkulieren und entsprechende Versicherungen abschließen. Jede Betriebsstörung fällt somit grds. in seinen Gefahrenkreis bzw. seine *Sphäre*. Läuft das Unternehmen gut, erhält der Unternehmer außerdem hohe Gewinne, an denen er seine Arbeitnehmer nicht zu beteiligen braucht. Umgekehrt soll er dann aber auch die Ausfälle zu tragen haben.

**Lohnanspruch des Arbeitnehmers**

| Grds. (-) bei | Grds. (+) bei |
|---|---|
| ➢ **Wegerisiko**<br>➢ **Arbeitskampfrisiko** | ➢ **Betriebsrisiko**<br>➢ **Wirtschaftsrisiko** |

## 2. Der arbeitsrechtliche Gleichbehandlungsgrundsatz

Der Gleichbehandlungsgrundsatz, laut BAG hergeleitet aus Art. 3 GG, gehört zu den tragenden Prinzipien des Arbeitsrechts und verpflichtet den Arbeitgeber, alle vergleichbaren Arbeitnehmer gleich zu behandeln. Es ist ihm verboten, eine Gruppe oder einen einzelnen Beschäftigten ohne sachlich nachvollziehbaren Grund von begünstigenden Maßnahmen auszunehmen oder *schlechter zu stellen*. Hauptanwendungsbereich sind Maßnahmen, die der einseitigen Gestaltung des Arbeitgebers unterliegen, beispielsweise freiwillige Leistungen (Gratifikationen und Zulagen), sonstige Arbeitsbedingungen und die Ausübung der Direktionsbefugnis.

**Beispiel 9:** Max Profit (P) hat allen Arbeitnehmern gestattet, im dafür vorgesehenen Raucherraum zu rauchen. Da er den Buchhalter Harry Smoke (S) nicht mag, verbietet er diesem aber das Rauchen ganz. Hier übt P seine Direktionsbefugnis entgegen dem arbeitsrechtlichen Gleichbehandlungsgrundsatz aus.

**Beispiel 10:** P gewährt allen Arbeitnehmern eine freiwillige Weihnachtsgratifikation in Höhe von 300 Euro. Davon ausgenommen werden aber die Mitarbeiter aus der Buchhaltung.

Die *individuelle Bevorzugung* eines Arbeitnehmers ist nicht vom Gleichbehandlungsgrundsatz umfasst. Hierbei geht die *Privatautonomie* dem Gleichbehandlungsgrundsatz vor. Die Vertragsfreiheit gewährleistet, dass die Arbeitsvertragsparteien die Arbeitsbedingungen entsprechend ihren Interessen und Bedürfnissen einzeln aushandeln können.

**Beispiel 11:** Sekretärin S erhält aufgrund ihrer lang bewährten Zugehörigkeit zum Unternehmen und geringen Fehlzeiten einen übertariflichen Lohn.

Wurde eine Ungleichbehandlung festgestellt, kommt es entscheidend darauf an, ob diese aus **sachlichen Gründen gerechtfertigt** ist. Solche Rechtfertigungsgründe können z.B. sein:

- Gewährung einer freiwilligen Zulage, um in Zeiten von Arbeitskräftemangel Arbeitnehmer an den Betrieb zu binden bzw. für den Betrieb neu zu gewinnen.
- Zulässig ist die Nichtgewährung einer Zulage, wenn der Arbeitnehmer z.B. verhaltensbedingt gekündigt wurde oder erst wenige Wochen in der Firma beschäftigt ist. Unzulässig ist es hingegen, die Zulage wegen Krankheit des Arbeitnehmers nicht zu gewähren.

Liegt eine unzulässige Differenzierung vor, d.h. hat der Arbeitgeber zwischen vergleichbaren Arbeitnehmern willkürlich unterschieden, so hat der Arbeitnehmer einen Anspruch aus dem arbeitsrechtlichen Gleichbehandlungsgrundsatz.

Er kann also das verlangen, was ihm unter Verletzung des Gleichbehandlungsgrundsatzes vorenthalten wurde. Es entsteht dann also grundsätzlich eine Einbeziehung der benachteiligten Gruppe in die umstrittene Regelung, d. h. die übrige Regelung ist entgegen § 139 BGB nur teilnichtig.

## 3. Fürsorgepflichten des Arbeitgebers (Nebenpflichten)

**§ 618 BGB** regelt die Pflicht zum **Schutz von Leben und Gesundheit des Arbeitnehmers.** Nach § 619 BGB ist dies unabdingbar. Der Arbeitgeber muss demnach genügend Sicherheitsvorkehrungen treffen, um seine Arbeitnehmer zu schützen, beispielsweise durch Zugangs- und Fluchtwege, gesicherte Belüftung und Heizung sowie ausreichende Beleuchtung. Die entsprechenden technischen Arbeitsschutzbestimmungen können hierbei herangezogen werden. Weitere Schutzpflichten ergeben sich z.B. aus § 62 HGB und §§ 28 ff. JarbSchG.

Auch das **Eigentum des Arbeitnehmers**, z. B. berechtigterweise zur Arbeit mitgebrachte Gegenstände wie Kleidung, Geldbörse, Armbanduhr, Kraftfahrzeuge, Fahrräder etc. muss der Arbeitgeber schützen. Zu seinen Verpflichtungen gehört es beispielsweise, die den Arbeitnehmern zur Verfügung gestellten Spinde mit einem Schloss zu sichern, das nicht ohne weiteres aufgebrochen werden kann.

Weiterhin besteht die Pflicht zum **Schutz des Persönlichkeitsrechts** des Arbeitnehmers.

**Beispiel 12:** Der Arbeitnehmer ist höflich zu behandeln. Dem Arbeitgeber obliegt außerdem die Verschwiegenheitsverpflichtung, der Nichtraucherschutz und das Verbot des heimlichen Mithörens von Telefongesprächen. Eine Pflicht zum Schutz vor *sexueller Belästigung am Arbeitsplatz* besteht nach § 2 Beschäftigtenschutzgesetz.

Weitere Pflichten sind die **Pflicht zur Urlaubsgewährung** und die Pflicht zur **Zeugniserteilung** gemäß § 630 BGB.

Der Arbeitnehmer hat dabei Anspruch auf Erteilung eines sog. *qualifizierten Zeugnisses*, d. h. es werden nicht nur Art und Dauer der Beschäftigung, sondern auch Leistungen und Verhalten (Kollegialität) des Arbeitnehmers berücksichtigt.

## 4. Der Anspruch aus betrieblicher Übung

Der Anspruch aus betrieblicher Übung wird teilweise als eine spezielle betriebliche Art des Gewohnheitsrechts angesehen. Es kann z.B. vorkommen, dass der Arbeitgeber seinen Arbeitnehmern Weihnachtsgratifikationen, Ruhegelder, Schichtzulagen, Aufwendungsersatz usw. mehrmals zahlt. Die Arbeitnehmer haben dann u.U. einen Anspruch auf die Zahlung auch in den folgenden Jahren.

## Voraussetzungen für den Anspruch aus betriebl. Übung

- Es handelt sich um **freiwillige Leistungen** des Arbeitgebers z. B. Weihnachtsgratifikationen. Die Zuwendungen müssen aber jeweils *in gleicher Höhe* gezahlt werden. Bei unterschiedlicher Höhe entsteht kein Anspruch auf zukünftige Gewährung.
- Mindestens **3 Mal** in Folge ohne Unterbrechung.
- **Ohne Vorbehalt** des Arbeitgebers, d.h. der Verpflichtungswille wurde nicht ausgeschlossen. Folge hiervon ist, dass der Bindungswille des Arbeitgebers fingiert wird und der Arbeitnehmer auf die Fortsetzung des Verhaltens nach Treu und Glauben vertrauen darf.

Bei Zusätzen wie: „Freiwilligkeitsvorbehalt“, „Leistung ist freiwillig und begründet keinen zukünftigen Anspruch“ o. ä. fehlt der Verpflichtungswille und der Anspruch aus betrieblicher Übung entsteht nicht.

Der Arbeitgeber hat folgende Möglichkeiten, um den Anspruch aus betrieblicher Übung wieder **zu beseitigen:**

- Durch Vereinbarung (Aufhebungsvertrag).
- Durch die Möglichkeit einer **Änderungskündigung,** jedoch nur, wenn erhebliche Gründe vorliegen, z. B. die Existenz des Betriebes bedroht ist.
- Durch Betriebsvereinbarung.
- Durch die sog. **negative betriebliche Übung:** So, wie die betriebliche Übung entsteht, muß sie auch wieder untergehen können.

**Beispiel 13:** Der Arbeitgeber A zahlt die durch betriebliche Übung gesicherte Weihnachtsgratifikation nur noch unter einem Freiwilligkeitsvorbehalt. Er gibt über einen Zeitraum von drei Jahren zu erkennen, dass er die bestehende betriebliche Übung anders zu handhaben gedenkt als bisher. Die Arbeitnehmer widersprechen über einen Zeitraum von drei Jahren hinweg der neuen Handhabung nicht. - Hier wurde die alte betriebliche Übung einvernehmlich (konkludent durch Angebot und Annahme) entsprechend geändert. Der Anspruch aus betrieblicher Übung besteht nicht mehr.

## ▸ Literatur zu dieser Lektion

📖 Maschmann, **Jura** 1994, 652 (656) (Gleichbehdlg. – Klausur)
📖 Preis/Hammacher, **Jura** 1998, 116 (Leistungsstörung – Grdl.)
📖 Pallasch, **JA** 1995, 897 (Entgeltfortzahlung - Grundlagen)
📖 Mayer, **JA** 1998, 181 (Die betriebliche Übung - Grundlagen)

# Lektion 5: Die Pflichten des Arbeitnehmers

## 1. Die Arbeitspflicht

Die Arbeitspflicht ist die *Hauptpflicht* des Arbeitnehmers und steht im Gegenseitigkeitsverhältnis zur Vergütungspflicht des Arbeitgebers. Da im Arbeitsvertrag nicht jede Einzelheit der Tätigkeit detailliert wiedergegeben werden kann, konkretisieren andere Gestaltungsfaktoren die Arbeitspflicht, beispielsweise der Tarifvertrag, die Betriebsvereinbarung oder aber das Direktionsrecht des Arbeitgebers.

### 1.1. Das Direktionsrecht des Arbeitgebers

Der Arbeitgeber kann aufgrund seines Weisungs- bzw. Direktionsrechts einseitig die im Arbeitsvertrag nur rahmenmäßig umschriebene Leistungspflicht des Arbeitnehmers nach Zeit, Ort und Art der Leistung näher bestimmen. Er kann auch einen Wechsel in der Art der Beschäftigung vorschreiben oder den Arbeitsbereich verkleinern. Der Arbeitnehmer ist grds. dazu verpflichtet, der Weisung nachzukommen. Nicht gedeckt ist jedoch die Zuweisung einer niedriger bezahlten oder geringerwertigeren Arbeit, wenn dies vertraglich so nicht vereinbart ist. Allerdings kann der Arbeitgeber im Notfall auch solche Leistungen verlangen, ebenso vorübergehend erforderliche Arbeiten wie z.B. Krankheitsvertretungen.

Übt der Arbeitgeber sein Weisungsrecht aus und erteilt eine Anweisung, ist der Arbeitnehmer grds. verpflichtet, dieser nachzukommen. Ist die Weisung rechtswidrig und daher unwirksam, braucht der Arbeitnehmer sie aber nicht zu befolgen. Die Unwirksamkeit muss anhand der konkreten Weisung geprüft werden. Rechtswidrig sind insbesondere *gesetzwidrige* Weisungen.

**Beispiel 1***:* A arbeitet als Versicherungsfachangestellte im A-Konzern. Sie soll gemeinsam mit ihrem Vorgesetzten die letzten Bilanzergebnisse „verschönern", um dadurch die Banken zu neuen Geldzahlungen zu animieren. - Zu dieser strafbaren Handlung, einem Betrug zum Nachteil der Banken, ist A nicht verpflichtet.

Eine weitere Grenze und Einschränkung des Direktionsrechts stellen die sog. **unbestimmten Rechtsbegriffe** bzw. *Generalklauseln* dar. Über deren *Auslegung* finden Grundrechte nach h.M. *mittelbar* Anwendung im Arbeitsrecht. Nach **§ 315 Abs. 3 BGB** muss die Weisung der **Billigkeit** entsprechen. **Sittenwidrige Weisungen (§ 138 BGB)** oder solche, die gegen **Treu und Glauben** verstoßen (§ 242 BGB) sind unwirksam.

Wichtig ist hier insbesondere **Art. 4 GG**, das Grundrecht auf **freie Gewissensentscheidung.** Der Arbeitgeber hat demnach einen ihm offenbarten Gewissenskonflikt des Arbeitnehmers zu berücksichtigen. Maßgebend ist hierbei der sog. *subjektive Gewissensbegriff.* Dieser setzt voraus, dass der Arbeitnehmer darlegt, ihm sei wegen einer aus einer spezifischen Sachlage folgenden Gewissensnot heraus nicht zuzumuten, die an sich vertraglich geschuldete Leistung zu erbringen. Weiterhin muss eine *Interessenabwägung* zwischen dem Beschäftigungsinteresse des Arbeitgebers und der Gewissensnot des Arbeitnehmers stattfinden.

Nach dem **BAG** sind folgende Punkte in die Abwägung mit einzubeziehen:

- War der Gewissenskonflikt schon bei Vertragsschluss für den Arbeitnehmer **vorhersehbar?**
- Bedingen es betriebliche Erfordernisse, dass gerade **dieser Arbeitne***hmer* mit der fraglichen Aufgabe beschäftigt wird?
- Ist in Zukunft mit **weiteren Gewissenskonflikten** zu rechnen?

**Beispiel 2:** C arbeitet im F-Werk in Köln. Dort wurden bisher nur PKW hergestellt. Es wird ein zusätzlicher Auftrag mit enormem Budget angenommen. Hierbei soll Panzerzubehör für eine Lieferung nach Afghanistan produziert werden. C war Kriegsdienstverweigerer aus Überzeugung und beteiligt sich gelegentlich deutschlandweit an Friedensdemos. Er lehnt daher die Arbeit an dieser Produktion ab. Nach Abschluss des Auftrages wird das F-Werk lediglich wieder PKW herstellen. Kann C sich weigern, an der Produktion mitzuarbeiten?

**Lösung:** Grundsätzlich ist C als Werksarbeiter dazu verpflichtet, sämtlichen Tätigkeiten im Rahmen seines Arbeitsvertrages und des Weisungsrechts nachzukommen. Dazu gehört auch die Herstellung von Panzerzubehör. Fraglich ist, ob er auch in diesem konkreten Einzelfall dazu verpflichtet ist, der Weisung seines Arbeitgebers nachzukommen. C leidet unter einem erheblichen Gewissenskonflikt, welcher bei der Einstellung *nicht vorhersehbar* war. Es ist nicht dringend erforderlich, dass ausgerechnet *er* die neue Tätigkeit verrichtet, er könnte auch an alter Stelle eingesetzt bleiben, wo weiterhin die PKW-Produktion läuft. Ferner handelt es sich nur um einen *vorübergehenden Auftrag*. C ist daher aus Gewissensgründen zur Verweigerung berechtigt.

**Beispiel 3:** A arbeitet als Laborantin in einer Abteilung für chemische Forschung in der B-AG in Leverkusen. Sie soll an der Entwicklung eines Mittels beteiligt werden, welches gegen Bluthochdruck hilft, aber in hohen Konzentrationen auch als Giftgas eingesetzt werden kann. A lehnt diese Weisung ab, da sie es nicht mit ihrem Gewissen vereinbaren könne, wenn dieses Mittel auch im Krieg eingesetzt würde. Zu Recht?

**Lösung:** A ist als Laborantin eingestellt und zu ihren Aufgaben gehört es, an der Erforschung und Entwicklung von chemischen Mitteln beteiligt zu sein. Fraglich ist, ob die erteilte Weisung gegen ihre Gewissensfreiheit verstößt. Zu beachten ist, dass viele Chemikalien sowohl für zivile als auch für militärische Zwecke verwendbar sind. Dies dürfte der A auch schon vor Ausbildungsbeginn bzw. vor Einstellung als Laborantin bekannt gewesen sein. Es war für die A absehbar, dass sie früher oder später in eine solche Lage kommen würde; der Gewissenskonflikt war für sie *vorhersehbar*. Weiterhin wird es auf Dauer immer wieder neue Projekte geben, die zweierlei Gebrauch/Wirkungen ermöglichen. Es wird immer wieder zu solchen Entscheidungen kommen. Die Berufung auf ihr Gewissen ist daher unbeachtlich.

Stellt sich eine **Unzumutbarkeit** für den Arbeitnehmer heraus und die erhebliche Gewissensentscheidung verbietet dem Arbeitgeber, eine an sich geschuldete Arbeit zuzuweisen, so kann ein in der Person des Arbeitnehmers liegender Grund vorliegen, das Arbeitsverhältnis **zu kündigen.** Es darf allerdings keine andere Beschäftigungsmöglichkeit für den Arbeitnehmer bestehen und der vom Arbeitnehmer geltend gemachte Grund darf keinen vorübergehenden Charakter haben.

### 1.2. Wegfall der Arbeitspflicht, § 275 BGB

Der Arbeitnehmer ist von der Arbeitspflicht grds. befreit, soweit sie für ihn oder für jedermann unmöglich ist, § 275 Abs. 1 BGB. Wurde Arbeitsleistung versäumt, ist diese grds. nicht mehr nachholbar und es liegt Unmöglichkeit vor.

## 2. Die Treuepflicht des Arbeitnehmers

Neben der Hauptpflicht zur Arbeit obliegen dem Arbeitnehmer eine Reihe von **Nebenpflichten.** Die **Treuepflicht** des Arbeitnehmers ist quasi das Pendant zur Fürsorgepflicht des Arbeitgebers. Aus § 242 BGB ergeben sich insbes. Folgende Einzelpflichten:

- Der Arbeitnehmer ist zur **Verschwiegenheit** über *Geschäfts- oder Betriebsgeheimnisse* verpflichtet, soweit der Arbeitgeber ein schutzwürdiges Interesse hat. Geschäfts- und Betriebsgeheimnisse sind solche Tatsachen, die in Zusammenhang mit einem Geschäftsbetrieb stehen, nur einem begrenzten Personenkreis bekannt sind, nicht offenkundig sind und geheimgehalten werden sollen. Beispiele: Produktionsverfahren und die Finanzsituation des Betriebes. § 17 UWG stellt den Verrat von Geschäfts- und Betriebsgeheimnissen ausdrücklich unter Strafe.
- **Mitteilungspflicht:** es besteht eine Pflicht zur Information des Arbeitgebers z. B. bei möglichen Störungen des Betriebsablaufs.

- **Anzeige- und Nachweispflicht** im Krankheitsfall.
- **Sorgfaltspflichten,** Pflicht, sich „vertragstreu“ zu verhalten und die Interessen des Arbeitgebers wahren.

Verletzt der Arbeitnehmer eine dieser Pflichten, steht dem Arbeitgeber ein Schadensersatzanspruch aus § 280 I BGB zu. Bei schwerwiegenden Pflichtverletzungen kommt möglicherweise eine Kündigung aus wichtigem Grund in Betracht.

## 3. Das Wettbewerbsverbot

Während der Dauer des Arbeitsvertrages darf der Arbeitnehmer seinem Arbeitgeber keine Konkurrenz machen. Ein Verstoß hiergegen gibt dem Arbeitgeber einen Unterlassungsanspruch; möglich ist auch ein Schadensersatzanspruch und eine Kündigung. Regelmäßig endet das Wettbewerbsverbot mit der Beendigung des Arbeitsverhältnisses.

Anderes gilt nur dann, wenn ein Wettbewerbsverbot **vertraglich vereinbart** worden ist. Voraussetzung für die Wirksamkeit einer solchen vertraglichen Vereinbarung ist jedoch, dass das Verbot nicht für einen Zeitraum vereinbart wird, der über **zwei Jahre** nach Beendigung des Arbeitsverhältnisses hinausgeht. Außerdem muss für den Arbeitnehmer eine entsprechende finanzielle **Entschädigung** vorgesehen sein.

### ▸ Literatur zu dieser Lektion

🕮 Wank, **Jura** 1999, 31 (mittelb. Drittwirk. von GrundR - Klausur)

🕮 Odendahl, **JA** 1998, 933 (934) (mittelb. Drittw. - Grundlagen)

# Lektion 6: Ansprüche auf Schadensersatz

## 1. Ansprüche des ArbN nach einem Arbeitsunfall

Entstehen auf Arbeitnehmerseite durch einen **Arbeitsunfall** Personen- und/oder Sachschäden, ist die Schadensregulierung aufgrund der Sonderbeziehung zwischen Arbeitgeber und Arbeitnehmer teilweise anhand von *Spezialvorschriften* abzuwickeln.

Nach § 8 Abs. 1 S. 2 SGB VII ist ein **Unfall** ein zeitlich begrenztes, von außen auf den Körper einwirkendes Ereignis, das zu einem Gesundheitsschaden oder zum Tod führt. Erleidet ein Versicherter den Unfall infolge einer den Versicherungsschutz begründenden Tätigkeit, spricht man von einem **Arbeitsunfall.**

### 1.1. Ansprüche bei Personenschäden

### 1.1.1. Ansprüche gegen die gesetzliche Unfallversicherung

Grundsätzlich hat der geschädigte Arbeitnehmer bei einem Personenschaden einen Anspruch gegen die gesetzliche Unfallversicherung. Diese wird durch Beiträge der Arbeitgeber finanziert und findet Anwendung bei Schäden aufgrund von *Arbeitsunfällen*, *Wegeunfällen* und *Berufskrankheiten*, §§ 7, 8 SGB VII. Früher in der Reichsversicherungsordnung (RVO) geregelt, sind nun die §§ 2 ff. SGB VII zu beachten.

### 1.1.2. Ansprüche gegen den Arbeitgeber

Der Arbeitgeber haftet bei Pflichtverletzungen gegenüber dem Arbeitnehmer grundsätzlich nach den allgemeinen zivilrechtlichen Vorschriften auf Schadensersatz. Bei vorsätzlicher oder fahrlässiger Schadenszufügung stehen dem Arbeitnehmer also beispielsweise grds. Ansprüche aus § 280

BGB oder aus unerlaubter Handlung gemäß §§ 823 ff. BGB zu.

Es findet jedoch ein **Ausschluss des Anspruchs** statt: Bei *Personenschäden* gilt **§ 104 Abs. 1 SGB VII** (früher: § 636 RVO). Hiernach haftet der Arbeitgeber nur dann, wenn er den Versicherungsfall *vorsätzlich* oder *auf einem nach § 8 Abs. 2 Nr. 1 bis 4 SGB VII versicherten Weg (Wegeunfall) herbeigeführt* hat.

Als **Wegeunfall** gilt gemäß § 8 Abs. 2 Nr. 1 SGB VII jeder Unfall, der auf dem unmittelbaren Weg zwischen Wohnung und Arbeitsstätte eingetreten ist. Versichert ist grds. nur der *unmittelbare* Weg. Zu den Ausnahmen vgl. § 8 Abs. 2 Nr. 2 ff. SGB VII.

Handelte der Arbeitgeber nur **fahrlässig** und wurde der Personenschaden auch nicht von ihm auf einem *versicherten Weg herbeigeführt*, so sind Schadensersatzansprüche des Arbeitnehmers gegen den Arbeitgeber gemäß § 104 Abs. 1 SGB VII ausgeschlossen.

Wichtig für Klausuren ist zu wissen, dass unter den Haftungsausschluss nach h. M. auch das **Schmerzensgeld** fällt. Grund: Der hinter § 104 SGB VII stehende Gedanke ist, dass Streitigkeiten grundsätzlich aus dem Arbeitsverhältnis *herausgehalten* werden sollen.

**Beispiel 1:** Arbeiter M ist an einer Maschine eingesetzt, an der der Schutzschalter defekt ist. Der Arbeitgeber A hat dies fahrlässig nicht überprüft. M verletzt sich an der Hand. Hat M gegen A Ansprüche auf Schadensersatz und Schmerzensgeld?

**Lösung:** Grundsätzlich liegt z.B. der Anspruch aus §§ 618 Abs. 3, 842 BGB vor, doch wegen § 104 SGB VII ist dieser sowie der Anspruch auf Schmerzensgeld ausgeschlossen. Das gilt selbst dann, wenn der Arbeitgeber A grob fahrlässig auf eine Nichtverletzung vertraute.

Das *vorsätzliche Handeln* eines *Vorarbeiters* kann dem Arbeitgeber u.U. gemäß § 278 BGB zugerechnet werden.

### 1.1.3. Ansprüche gegen den verursachenden Kollegen

Verursacht ein Kollege einen Arbeitsunfall, so findet gemäß **§ 105 SGB VII** (früher: § 637 RVO) grds. ebenfalls ein Haftungsausschluss statt. Ein Anspruch des geschädigten Kollegen gegen den „Schädiger" kommt auch hier nur in Betracht, wenn der Schädiger den Versicherungsfall *vorsätzlich* oder *auf einem nach § 8 Abs. 2 Nr. 1 bis 4 versicherten Weg (Wegeunfall) herbeigeführt* hat.

**Beispiel 2:** Arbeitnehmer A1 stößt als Baggerführer fahrlässig auf einer Baustelle eine Schubkarre mit Ziegelsteinen um. Die Steine fallen heraus und der in unmittelbarer Nähe stehende A2 wird dadurch am Fuß verletzt. - Der Anspruch des A2 gegen A 1 aus § 823 BGB ist wegen § 105 SGB VII ausgeschlossen. Auch hier ist von dem Haftungsausschluss nach h. M. das *Schmerzensgeld* umfasst.

**Beispiel 3:** Arbeitnehmer A1, der bei Opel in Rüsselsheim arbeitet, will nach Feierabend schnell das Werksgelände verlassen. Fahrlässig stößt er mit seinem Wagen auf dem Werksgelände mit dem Arbeitnehmer A2 zusammen. A2 wird erheblich verletzt und verlangt Schmerzensgeld von A1. Zu Recht?

**Lösung:** Da A1 den A2 fahrlässig am Körper verletzt hat, steht dem A2 grundsätzlich auch ein Anspruch auf Schmerzensgeld gemäß §§ 823, 253 Abs. 2 zu. Fraglich ist aber, ob dieser Anspruch „unter Kollegen" nach § 105 SGB VII ausgeschlossen ist. Der grundsätzliche Ausschluss nach § 105 SGB VII erfasst nach h.M. auch den Schmerzensgeldanspruch. A1 haftet ausnahmsweise nur dann, wenn er den Unfall „durch eine betriebliche Tätigkeit" auf einem nach § 8 Abs. 2 Nr. 1 bis 4 SGB VII versicherten Weg herbeigeführt hat. Sieht man das Verlassen des Arbeitsplatzes wegen des engen Zusammenhangs mit der Arbeitsleistung bis zum Werkstor noch als eine „betriebliche Tätigkeit" an, so bedeutet dies gleichzeitig, dass der „Heimweg" nach § 8 Abs. 2 Nr. 1 SGB VII erst mit Verlassen des Werksgeländes beginnt. Demnach ist nicht der Ausnahmefall eines „Wegeunfalls" nach § 8 Abs. 2 Nr. 1 SGB VII gegeben. Der Schmerzensgeldanspruch des A2 ist also nach § 105 SGB VII ausgeschlossen.

## 1.2. Ansprüche bei Sachschäden
### 1.2.1. Ansprüche gegen den Arbeitgeber

Bei Verschulden des Arbeitgebers gelten regulär die §§ 280, 823 ff. BGB.

**Beispiel 4:** L, der eine KFZ-Lackierwerkstatt betreibt, überlässt dem Arbeitnehmer A fahrlässig einen undichten Schutzanzug, in der Hoffnung, es werde nichts passieren. Als A den Anzug abends auszieht, bemerkt er die Undichtigkeit. Seine Levis 501, die er unter dem Anzug anhatte, ist nun voller Farbe. Kann A von L Schadensersatz fordern?

**Lösung:** Hier sind die Voraussetzungen der §§ 280, 823 BGB wegen fahrlässiger Pflicht- bzw. Eigentumsverletzung erfüllt, so dass A von L Schadensersatz fordern kann. Eine Haftungsfreistellung nach SGB VII gibt es für *Sachschäden* nicht.

Trifft den Arbeitgeber **kein Verschulden,** *so* haftet er nach **§ 670 BGB analog** für sog. *risikotypische Schäden*, wenn diese

- in Vollzug einer schadensgeneigten Arbeit entstanden und
- außergewöhnlich sind, d.h. es darf sich weder das allgemeine Lebensrisiko verwirklicht haben, noch darf der Schaden bereits durch Lohn abgegolten sein
- der Risikosphäre des Arbeitgebers zuzurechnen sind.

**Beispiel 5:** In Beispiel 4 hatte L den Schutzanzug sorgfältig geprüft. Undichtigkeiten hatte er nicht entdecken können. A bemerkt abends, dass seine Levis 501 voller Farbe ist und verlangt von L Schadensersatz. Zu Recht?

**Lösung:** Mangels Verschulden des L scheiden Ansprüche aus §§ 280, 823 BGB aus. A kann Schadensersatz jedoch nach § 670 BGB fordern.

### 1.2.2 Ansprüche gegen den verursachenden Kollegen

Eine Haftungsfreistellung nach SGB VII gibt es bei Eigentumsverletzungen nicht. Der verursachende Kollege haftet daher regulär nach § 823 BGB. Er hat aber seinerseits gegen den Arbeitgeber je nach Verschuldensgrad u.U. einen Freistellungsanspruch in entsprechender Anwendung des § 670 BGB.

## Ansprüche des ArbN nach einem Arbeitsunfall

| Personenschaden | Sachschaden |
|---|---|
| Anspruch AN gegen Unfallversicherung aus § 2 ff. SGB VII | Kein Anspruch des AN gegen Unfallversicherung |
| Der Anspruch des AN gegen AG aus §§ 280, 823 BGB ist gemäß § 104 SGB VII ausgeschlossen; nach h.M. auch das Schmerzensgeld! Ausnahmen: Vorsatz und Wegeunfall. | Anspruch des AN gegen AG aus §§ 280, 823, wenn AG *schuldhaft* gehandelt hat. Anspruch gegen AG analog § 670, wenn dieser *ohne Verschulden* gehandelt hat. |
| Anspruch des AN gegen Kollegen aus § 823 ist wg. § 105 SGB VII ausgeschlossen; nach h.M auch das Schmerzensgeld! Ausnahmen: Vorsatz und Wegeunfall. | Anspruch gegen Kollegen aus § 823 möglich; Kollege hat u.U. Freistellungsanspruch analog § 670 gegen den AG. |

## 2. Ansprüche des Arbeitgebers gegen den Arbeitnehmer (innerbetrieblich)

Der Arbeitnehmer ist zur sorgfältigen und gewissenhaften Arbeit verpflichtet. Trotzdem kann es vorkommen, dass er seine arbeitsvertraglichen Pflichten verletzt und dadurch Arbeitsmittel, Werkzeuge etc., die ja im Eigentum des Arbeitgebers stehen, beschädigt. Es stellt sich dann die Frage, ob und in welchem Umfang der Arbeitnehmer dafür einstandspflichtig ist.

Grundsätzlich gelten im Arbeitsrecht mangels Spezialregelungen die allgemeinen zivilrechtlichen Vorschriften. Dies führt dazu, dass der Arbeitgeber gegen seinen Arbeitnehmer Ansprüche aus schuldhafter Pflichtverletzung der arbeitsvertraglichen Pflichten gemäß § 280 Abs. 1 BGB und aus Eigentumsverletzung gemäß § 823 BGB geltend machen kann.

**Hinweis:** Bei § 280 BGB muss nicht der Arbeitnehmer gemäß Abs. 1 Satz 2 sein Nichtvertretenmüssen beweisen. Vielmehr trägt der *Arbeitgeber* wegen § 619a BGB die Beweislast für das Verschulden des Arbeitnehmers!

Bei dem arbeitsvertraglichen Anspruch würde eigentlich § 276 BGB gelten, wonach der Schuldner Vorsatz und *jede* Fahrlässigkeit zu vertreten hat. Auch bei der deliktischen Haftung nach § 823 BGB hat der Schädiger *jede* Form der Fahrlässigkeit zu vertreten. Der Arbeitnehmer hätte hiernach in vielen Fällen vollen Schadensersatz an den Arbeitgeber zu leisten.

Die Anwendung dieser allgemeinen Haftungsgrundsätze führt allerdings zu unerträglich harten und unbilligen Ergebnissen. Die strenge Haftung des BGB lässt nämlich die Besonderheiten des Arbeitsverhältnisses unberücksichtigt: So leistet der Arbeitnehmer *fremdbestimmte* und *weisungsgebundene* Arbeit, die im Interesse des Arbeitgebers steht.

Es kann dabei vorkommen, dass der Arbeitnehmer mit erheblichen Vermögenswerten (teure Maschinen etc.) zu tun hat und der drohende Schaden besonders groß bzw. außer Verhältnis zu seinem Arbeitseinkommen steht. So kann auch die kleinste Unachtsamkeit ungewöhnlich hohe Schäden nach sich ziehen. Nach dem Grundsatz der Wahrscheinlichkeit ist immer einmal mit einem Schadensfall jeglicher Art zu rechnen, weil jedem Arbeitnehmer aufgrund der unvollkommenen menschlichen Natur eine Fehlleistung unterlaufen kann. Dieses Arbeitsrisiko würde alleine dem Arbeitnehmer auferlegt.

Der Arbeitgeber erscheint bei einer solchen Handhabung ungerechtfertigt entlastet. Schließlich obliegt ihm die Organisation des Betriebes. Er kann das Schadenrisiko einschätzen und einkalkulieren, beispielsweise durch den Abschluß entsprechender Versicherungen oder durch besondere Gestaltung der Arbeitsbedingungen. Hinzu kommt, dass er grundsätzlich das Betriebsrisiko trägt. Es ist daher anerkannt, dass die Arbeitnehmerhaftung gegenüber dem Arbeitgeber begrenzt werden muss. Die Rechtsprechung hat bis zum Beginn der 90er Jahre die Haftung bei einer sog. **gefahr- bzw. schadensgeneigten Arbeit** eingeschränkt.

**Schadensgeneigte Arbeit** wurde angenommen, wenn die Eigenart der Tätigkeit mit großer Wahrscheinlichkeit mit sich bringt, dass auch dem sorgfältigen Arbeitnehmer Fehler unterlaufen, die für sich betrachtet zwar jedes mal vermeidbar wären, mit denen aber angesichts der menschlichen Unzulänglichkeit erfahrungsgemäß zu rechnen ist.

**Beispiel 6:** Gefahrgeneigt ist z.B. die Tätigkeit als Kranführer, Gabelstapler- oder Baggerfahrer. Hier ist die Wahrscheinlichkeit groß, dass auch einem sorgfältigen Arbeitnehmer einmal ein Fehler unterläuft.

Bei Vorliegen einer solchen gefahrgeneigten Tätigkeit hing dann der Umfang der Haftungsbeschränkung von dem Verschulden ab. Es wurde zwischen Vorsatz und verschiedenen Fahrlässigkeitsstufen unterschieden. Diese Rechtsprechung wurde angesichts der zunehmenden Kritik, insbesondere wegen Abgrenzungsschwierigkeiten und der fehlenden Klarheit bzw. Kontur des Begriffs „Gefahrgeneigtheit“ aufgegeben.

Heute greift nach dem BAG und der ganz herrschenden Lehre die Haftungsbeschränkung für alle Schäden ein, die ein Arbeitnehmer seinem Arbeitgeber bei Ausübung einer **betrieblich veranlassten Tätigkeit** zufügt. Die Tätigkeit muss folglich nicht mehr *gefahrgeneigt* sein, sondern nur noch *betrieblich veranlasst*.

**Beispiel 7:** Arbeitnehmer A fährt nach Beendigung der Arbeit mit einem Firmenwagen nach Hause und beschädigt diesen leicht fahrlässig. Der Arbeitgeber verlangt nun dafür Schadensersatz. War die Heimfahrt eine *betrieblich veranlasste Tätigkeit*, so dass die Haftungsbeschränkungen gelten?

**Lösung:** Der Heimweg fällt nicht in die Arbeitszeit und wird auch nicht vergütet. Daher liegt keine betrieblich veranlasste Tätigkeit vor. Also gilt keine Haftungsbeschränkung zugunsten des A.

## Es gelten folgende Haftungsmaßstäbe:

- Bei **vorsätzlicher oder grob fahrlässiger** Pflichtverletzung hat der Arbeitnehmer die *volle Höhe* des Schadens zu tragen. Grobe Fahrlässigkeit liegt vor, wenn der Arbeitnehmer die erforderliche Sorgfalt in besonderem Maße vernachlässigt und nicht beachtet hat, was im konkreten Fall Jedem hätte einleuchten müssen. Merksatz: „Das darf *unter keinen Umständen* passieren!".

  **Ausnahme:** Eventuell nur anteilige Haftung bei grober Fahrlässigkeit, wenn der Schaden außerhalb jeglicher Relation zum Monatseinkommen steht (i.d.R. ab 3 Monatseinkommen). Dann findet eine Quotelung statt.

- Bei **mittlerer Fahrlässigkeit** (Merksatz: „Das darf nicht passieren!") erfolgt eine Schadensteilung zwischen Arbeitgeber und Arbeitnehmer analog § 254 BGB. Es erfolgt eine *Abwägung* aller Umstände des Einzelfalls, z.B. Höhe des Monatseinkommens, Betriebszugehörigkeitsdauer und bisher verursachte Schäden. Ein wichtiger Abwägungsfaktor ist die Frage, wie stark (oder gering) die Arbeit *gefahrgeneigt* war: Je größer die Gefahrgeneigtheit, desto geringer die Haftung des Arbeitnehmers! Bestand eine PKW-Vollkaskoversicherung, haftet der Arbeitnehmer nur in Höhe der Selbstbeteiligung (meist zwischen 150 und 500 Euro).

- Bei **leichter Fahrlässigkeit** (Merksatz: „Kann jedem Arbeitnehmer im Laufe der Zeit einmal unterlaufen!") besteht *keine* Schadenstragungspflicht des Arbeitnehmers. Der Schaden wird komplett dem Betriebsrisiko des Unternehmers zugerechnet.

**Beispiel 8:** Die Sekretärin S ist in der Firma des F angestellt. Als S zum Faxgerät gehen will, tritt sie infolge leichter Fahrlässigkeit mit dem Fuß gegen ihren PC, der daraufhin umkippt und stark beschädigt wird. Kann Arbeitgeber F von S die Reparaturkosten in Höhe von 400 Euro verlangen?

**Lösung:** Die tatbestandlichen Voraussetzungen des § 280 I (arbeitsvertragliche Pflichtverletzung) und des § 823 I (Eigentumsverletzung) sind gegeben. Ginge man nach der alten Rechtsprechung, so wäre eine Haftungsbegrenzung beim Prüfungspunkt „Verschulden" aufgrund der mangelnden Schadensgeneigtheit der Tätigkeit als Sekretärin abzulehnen und die arme S müsste alleine für den Schaden einstehen. Nach neuerer Rechtsprechung allerdings kommt es alleine darauf an, dass der Schaden bei der *betrieblich veranlassten* Tätigkeit der S entstand. Der S ist nur *leichte* Fahrlässigkeit vorzuwerfen. Demnach ist der Schaden alleine von Arbeitgeber F zu tragen.

**Begrenzung der Ansprüche des Arbeitgebers gegen den Arbeitnehmer aus §§ 280, 823 BGB bei betrieblich veranlasster Tätigkeit**

- Vorsatz und grobe Fahrlässigkeit: volle Haftung des ArbN: „Das darf *unter keinen Umständen* passieren!"
- Mittlere Fahrlässigkeit: anteilige Haftung analog §254 BGB: „Das darf nicht passieren!"
- Leichte Fahrlässigkeit: keine Haftung des ArbN: „Kann jedem Arbeitnehmer im Laufe der Zeit einmal unterlaufen!"

## 3. Ansprüche eines Dritten gegen den Arbeitnehmer

Ein Arbeitnehmer kann auch Dritte, d.h. Personen, die weder Arbeitgeber noch Angehörige desselben Betriebes sind, im Zuge der betrieblich veranlassten Tätigkeit schädigen. Hier kommen dann nach den allgemeinen Vorschriften Ansprüche gemäß §§ 823 ff. BGB in Betracht.

Umstritten ist, ob auch hier eine Haftungsprivilegierung nach den Grundsätzen der betrieblich veranlassten Tätigkeit stattfindet. Nach h. M. sind die Grundsätze jedoch *nicht* entsprechend anwendbar, d.h. der Arbeitnehmer haftet dem Dritten ohne jede Einschränkung. Grund hierfür ist vor allem, dass ein Außenstehender anders als der Unternehmer die betrieblichen Gefahren nicht steuern bzw. beeinflussen kann.

Der Arbeitnehmer kann jedoch seinerseits im *Innenverhältnis* einen arbeitsrechtlichen *Freistellungsanspruch* gegen den Arbeitgeber in analoger Anwendung des **§ 670 BGB** geltend machen. Hier wiederum gilt dann die Haftungsprivilegierung, d.h. bei leichter Fahrlässigkeit hat der Arbeitgeber den Arbeitnehmer in voller Höhe freizustellen.

**Beispiel 9:** Als Baggerfahrer B gerade eine Grube ausschachtet, stößt er mit der Schaufel leicht fährlässig gegen den PKW des Anwohners P. Dadurch entsteht am vorderen Kotflügel eine Delle. P verlangt von B Schadensersatz. Zu Recht?

**Lösung:** Ein Anspruch des P gegen B aus § 280 I wegen Verletzung der arbeitsvertraglichen Pflichten würde voraussetzen, dass der zwischen B und seinem Arbeitgeber geschlossene Arbeitsvertrag *Schutzwirkung* zugunsten des P entfaltet. Für den Arbeitgeber war jedoch nicht erkennbar, dass P in den Vertrag einbezogen werden sollte. Mangels Erkennbarkeit für den Arbeitgeber ist ein *Vertrag mit Schutzwirkung* zugunsten P abzulehnen. Gegeben ist jedoch ein Anspruch des P gegen B aus § 823 I wegen Eigentumsverletzung. Dem steht nicht entgegen, dass B nur leicht fahrlässig gehandelt hat, da im Verhältnis Arbeitnehmer-Dritter keine Haftungsprivilegierung stattfindet.

**Hinweis:** Im Innenverhältnis hat B gegen seinen Arbeitgeber einen Freistellungsanspruch in voller Höhe. Hiernach ist in *Beispiel 9* allerdings nicht gefragt.

## ▸ Literatur zu dieser Lektion

📖 Schnauder, **JuS** 1995, 594 (Betrieblich veranlasste Tätigkeit)

📖 Schöpflin, **JA** 1998, 554 (559) (Klausur)

## Lektion 7: Die Kündigung

Das Arbeitsverhältnis als Dauerschuldverhältnis kann auf ganz unterschiedliche Weise beendet werden, z.B. durch

- Kündigung (ordentlich oder außerordentlich)
- Anfechtung nach §§ 119 ff. BGB
- Aufhebungsvertrag
- Tod des Arbeitnehmers, da die Leistung persönlich zu erbringen ist
- Befristungsablauf nach § 620 Abs. 1 BGB.

Die *Kündigung* ist eine einseitige empfangsbedürftige Willenserklärung einer der beiden Arbeitsvertragspartner, durch die das auf unbestimmte Dauer eingegangene Arbeitsverhältnis für die Zukunft beendet wird.

### 1. Die ordentliche Kündigung

**1.1. Die Kündigungserklärung**
- **Schriftform**
- **Zugang**

**1.2. Die Anhörung des Betriebsrates, § 102 BetrVG**
**1.3. Der besondere Kündigungsschutz**
**1.4. Der Schutz nach dem KSchG**
**1.5. Die Kündigungsfrist, § 622 BGB**

#### 1.1. Die Kündigungserklärung

Die Kündigung muss erklärt werden. Für diese Erklärung gelten die allgemeinen Vorschriften über Willenserklärungen und Rechtsgeschäfte. Die Kündigung kann daher wegen Willensmängeln, Formmangel, Gesetzesverstoß oder Sittenwidrigkeit nach §§ 116, 117, 118, 125, 134, 138 BGB nichtig und nach §§ 119, 123 BGB anfechtbar sein. Als Gestaltungsrecht ist die Kündigungserklärung bedingungsfeindlich, darf also nicht unter einer Bedingung erklärt werden.

### 1.1.1. Die Form

Nach **§ 623 BGB** bedarf die Kündigung der **Schriftform.** Nach § 126 Abs. 1 BGB muss die Erklärung dabei von dem Aussteller *eigenhändig* durch Namensunterschrift oder mittels notariell beglaubigten Handzeichens unterzeichnet werden. Wird diese Form nicht eingehalten, ist die Kündigung gemäß § 125 S. 1 BGB unwirksam.

**Beispiel 1:** An der „Eigenhändigkeit" fehlt es, wenn die Kündigung per Fax oder E-Mail verschickt wird.

Die Angabe von *Gründen* in der Erklärung ist gesetzlich nicht vorgeschrieben und damit grds. auch keine Voraussetzung zur Wirksamkeit.

**Hinweis:** Ausnahmen gibt es z.B. für Berufsausbildungsverhältnisse und für Schwangere, vgl. § 15 Abs. 3 Berufsbildungsgesetz und § 9 Abs. 3 Satz 2 MuSchG. Hier muss der Kündigungsgrund genannt werden.

### 1.1.2. Der Zugang

Als empfangsbedürftige Willenserklärung muss die Kündigung, wenn sie unter Abwesenden erklärt wird, dem anderen Teil zugehen. Maßgebend für den Zugang sind die §§ 130 ff. BGB.

Wie jede Willenserklärung geht die Kündigungserklärung dem Empfänger zu, wenn sie so in seinen Machtbereich gelangt ist, dass er die Möglichkeit der Kenntnisnahme hat und unter gewöhnlichen Umständen mit einer Kenntnisnahme auch zu rechnen ist.

Probleme gibt es oft, wenn einem im Urlaub befindlichen Arbeitnehmer die an seine Heimatanschrift übersandte Kündigung in den Briefkasten geworfen wird. Zu diskutieren ist dann, ob die Kündigung **zugegangen** ist.

Die früher teilweise vertretene Ansicht, der Zugang finde bei Urlaubsabwesenheit des Arbeitnehmers erst *nach* seiner Rückkehr statt, wird heute kaum noch vertreten, um Rechtsunsicherheit bezüglich des Zugangstermins zu vermeiden. Dies hat für den Arbeitnehmer zur Folge, dass ab dem Zeitpunkt des Einwurfs in den Briefkasten die dreiwöchige Frist für die Kündigungsschutzklage zu laufen beginnt, § 4 KSchG. Die mögliche negative Folge für den Arbeitnehmer (Überschreitung der 3-Wochen-Frist) wird durch § 5 KSchG, der eine verspätete Klage zulässt, gemildert.

**Vereitelt** der Arbeitnehmer bewusst den Zugang, so wird der Zugang gemäß § 242 BGB und gemäß § 162 I BGB analog fingiert.

**Beispiel 2:** Arbeitnehmer A rechnet mit einer Kündigung und sagt zu seinem zehnjährigen Sohn S, er solle jedes Schreiben seines Arbeitgebers „zurückgehen lassen". Als ein Bote das Kündigungsschreiben wegen fehlendem Briefkasten persönlich abliefern will, verweigert S die Annahme. Hier wird der Zugang nach § 242 BGB und nach § 162 I BGB analog fingiert, d.h. das Kündigungsschreiben gilt als zugegangen.

## 1.2. Die Anhörung des Betriebsrates, § 102 BetrVG

Der **Betriebsrat** ist – sofern vorhanden – gemäß **§ 102 Abs. 1 BetrVG vor jeder Kündigung zu hören.** Hierbei muss der Arbeitgeber die Gründe der Kündigung angeben sowie dem Betriebsrat alle Informationen (zur Person und den sozialen Verhältnissen des Arbeitnehmers) zur Verfügung stellen. Wird dies versäumt, ist die Kündigung *unwirksam*, § 102 Abs. 1 S. 3 BetrVG.

Der Betriebsrat kann der Kündigung aus den in § 102 Abs. 3 BetrVG genannten Gründen widersprechen. Der Arbeitgeber ist zwar an den Widerspruch nicht gebunden und kann die Kündigung aufrechterhalten, er muss aber den Arbeitnehmer bis zur Beendigung des Kündigungsrechtsstreits weiterbeschäftigen, wenn der Arbeitnehmer nach dem Kündigungsschutzgesetz Klage auf Feststellung erhoben hat, dass das Arbeitsverhältnis durch die Kündigung nicht aufgelöst ist, vgl. § 102 Abs. 5 S.1 BetrVG.

### 1.3. Der besondere Kündigungsschutz

Bestimmte Personengruppen unterliegen einer besonderen Schutzbedürftigkeit. Spezielle Bestimmungen regeln daher, ob und unter welchen Voraussetzungen eine Kündigung zulässig ist.

**Spezielle Schutzbestimmungen gibt es für**

- **Schwangere** und „frischgebackene" Mütter nach **§ 9 MuSchG**. Um ihren Schutz zu garantieren, hat der Gesetzgeber für Schwangere bestimmte Beschäftigungsverbote (§§ 3 ff MuSchG) geschaffen, ihnen aber gleichzeitig das Arbeitsentgelt gesichert und gewisse Sonderzuwendungen vorgesehen (§ 11 ff. MuSchG). Damit sich ein Arbeitgeber diesen Pflichten nicht entziehen kann, indem er einer Schwangeren kündigt, darf einer Frau während ihrer Schwangerschaft und bis vier Monate nach der Entbindung *weder ordentlich noch außerordentlich* gekündigt werden, wenn dem Arbeitgeber zur Zeit der Kündigung die Schwangerschaft oder Entbindung bekannt war oder innerhalb von zwei Wochen nach Zugang der Kündigung mitgeteilt wird.

- **Wehr- und Zivildienstleistende** nach **§§ 2 ArbplSchG, 78 ZDG**. Von der Zustellung des Einberufungsbescheides bis zur Beendigung des Grundwehrdienstes sind *ordentliche* Kündigungen nach § 2 Abs. 1 ArbPlSchG ausgeschlossen. Das *außerordentliche* Kündigungsrecht bleibt davon unberührt. Dieser Kündigungsschutz gilt gemäß § 78 Abs. 1 Nr. 1 ZDG für Zivildienstleistende entsprechend.

- **Schwerbehinderte Menschen** genießen ebenfalls den besonderen Kündigungsschutz. Nach **§ 85 SGB IX** bedarf jede Kündigung eines schwerbehinderten Menschen - mit Ausnahme der Fälle des § 90 SGB IX – der vorherigen Zustimmung des *Integrationsamtes*. Weiterhin besteht nach § 86 SGB IX eine Kündigungsfrist von mindestens vier Wochen.

- Gemäß **§ 18 BerzGG** darf der Arbeitgeber ab dem Zeitpunkt, von dem **Erziehungsurlaub** verlangt worden ist, höchstens jedoch acht Wochen vor Beginn des Erziehungsurlaubes sowie während der Elternzeit nicht kündigen. Anders als § 9 MuSchG gilt das Kündigungsverbot sowohl für Frauen als auch für Männer.

- Eine ordentliche Kündigung ist für Mitglieder des Betriebsrates gemäß **§ 15 KSchG** für die Dauer der Amtszeit des **Betriebsrats** sowie während eines Jahres nach dem Ende dieser Amtszeit ausgeschlossen. Eine Ausnahme bildet hierzu § 15 Abs. 4 KSchG, wonach eine Kündigung zum Zeitpunkt einer Betriebsstillegung oder aus anderen zwingenden betrieblichen Erfordernissen zulässig ist.

- **Auszubildende** können nur gemäß **§ 15** des **Berufsbildungsgesetzes** gekündigt werden. Während der *Probezeit* ist eine Kündigung *jederzeit* und ohne Angabe von Gründen möglich. *Nach der Probezeit* ist die ordentliche Kündigung des Arbeitgebers grundsätzlich ausgeschlossen, eine *außerordentliche* Kündigung aus wichtigem Grund bleibt jedoch möglich. Der Auszubildende kann unter den Voraussetzungen des § 15 Abs. 2 Nr. 2 des Berufsbildungsgesetzes kündigen.

- Für Heimarbeiter gelten **§§ 29 ff. HAG**.

## 1.4. Der Schutz nach dem Kündigungsschutzgesetz

Unter dem allgemeinen Kündigungsschutz versteht man den Schutz, der für alle unter das KSchG fallenden Arbeitnehmer gilt. Hierdurch soll der Arbeitnehmer vor den Nachteilen der einseitigen Beendigung des Arbeitsverhältnisses durch den Arbeitgeber geschützt werden. Das Kündigungsrecht des Arbeitgebers wird daher durch das Kündigungsschutzgesetz eingeschränkt.

### 1.4.1. Anwendbarkeit

Kündigungsschutz nach dem KSchG steht dem Arbeitnehmer nur unter zwei Voraussetzungen zu:

- **Sachlich:** Seit 01. Januar 2004 gilt das Kündigungsschutzgesetz mit **zwei Anwendungsschwellen**: In Betrieben mit **zehn** oder weniger Arbeitnehmern gilt das Gesetz nicht für neu eingestellte Arbeitnehmer, d.h. für Arbeitnehmer, deren Arbeitsverhältnis nach dem 31. Dezember 2003 begonnen hat. Arbeitnehmer, die am 31. Dezember 2003 in einem Betrieb mit **mehr als fünf** Arbeitnehmern beschäftigt waren, haben weiterhin Kündigungsschutz. Unter Zugrundelegung der früheren Anwendungsschwelle des Kündigungsschutzgesetzes (ab 6 Mitarbeiter) behalten diese Arbeitnehmer ihren Kündigungsschutz so lange, wie im Betrieb mehr als fünf Arbeitnehmer tätig sind, die am 31. Dezember 2003 dort schon beschäftigt waren, § 23 I KSchG. *Teilzeitkräfte* werden anteilig berücksichtigt, *Auszubildende* sind aber nicht mitzurechnen, vgl. § 23 Abs.1 Satz 2 KSchG.

- **Persönlich:** Nach **§ 1 Abs. 1 KSchG** muss das Arbeitsverhältnis des gekündigten Arbeitnehmers derzeit mindestens **sechs** bzw. zukünftig[1] – sofern vereinbart - **24 Monate ohne Unterbrechung** bestanden haben. Der

---

[1] Vermutlich ab Ende 2006 kann der Arbeitgeber bei der Einstellung folgendes vereinbaren: Der neue Arbeitnehmer muss mindestens 24 Monate im Arbeitsverhältnis gestanden haben. Erst dann besteht der Kündigungsschutz. Auf diese Neuregelung haben sich Union und SPD im November 2005 geeinigt (Koalitionsvertrag).

Arbeitgeber soll in der Anfangsphase der Beschäftigung die Möglichkeit haben, den Arbeitnehmer zu erproben und sich von ihm ohne Einhaltung langer Fristen wieder trennen können. Maßgeblicher Zeitpunkt ist der *Zugang* der Kündigung. Entscheidend ist weiterhin der *rechtliche Bestand* des Arbeitsverhältnisses. Es kommt also nicht darauf an, ob in den sechs Monaten tatsächlich gearbeitet wurde. War jemand während der ersten 6 Monate krank oder im Urlaub, so unterbricht dies die Frist nicht.

| **Anwendbarkeit des Kündigungsschutzgesetzes** |
| --- |
| • Das Arbeitsverhältnis muss länger als **sechs Monate** (bis zu **24 Monate** ab 2006[2]) bestehen, § 1 I KSchG<br>• Das Arbeitsverhältnis bestand bereits am 31.12.2003: Der Betrieb beschäftigt **6 oder mehr Arbeitnehmer** -> KSchG ist anwendbar, § 23 I KSchG<br>• Das Arbeitsverhältnis bestand erst nach dem 31.12.03: Der Betrieb beschäftigt **11 oder mehr Arbeitnehmer** -> KSchG ist anwendbar, § 23 I KSchG |

### 1.4.2. Einhaltung der 3-Wochen-Frist

Will der Arbeitnehmer gegen die Kündigung vorgehen, so muss er gemäß § 4 Abs. 1 S.1 KSchG **drei Wochen** nach Zugang der Kündigung die Klage beim Arbeitsgericht erheben. War der Arbeitnehmer trotz Anwendung aller ihm nach Lage der Umstände zuzumutenden Sorgfalt (z.B. wegen Urlaubs) verhindert, die Klage rechtzeitig zu erheben, wird eine verspätete Einreichung der Klage unter der Maßgabe der §§ 5, 6 KSchG zugelassen.

Liegen keine derartigen „Entschuldigungsgründe" vor, gilt bei nicht rechtzeitiger Geltendmachung die Kündigung als von Anfang an rechtswirksam, § 7 KSchG.

---

[2] Vgl. Fußnote 1, Seite 61.

## 1.4.3. Unwirksamkeit der Kündigung nach dem KSchG

Nach **§ 1 Abs. 2 KSchG** ist eine Kündigung insbes. **sozial gerechtfertigt,** wenn sie durch Gründe, die in der **Person** oder in dem **Verhalten** des Arbeitnehmers liegen, oder durch **dringende betriebliche Erfordernisse,** die einer Weiterbeschäftigung des Arbeitnehmers in diesem Betriebe entgegenstehen, bedingt ist. Daher ist im Einzelfall stets zu prüfen, ob die Kündigung

- personenbedingt
- verhaltensbedingt
- betriebsbedingt gerechtfertigt ist.

### 1.4.3.1. Die personenbedingte Kündigung

Zunächst ist eine Unterscheidung zwischen der *personenbedingten* und der *verhaltensbedingten* Kündigung erforderlich, da beide Kündigungsgründe zwar in der Sphäre des Arbeitnehmers liegen, an beide jedoch unterschiedliche Anforderungen gestellt werden. Ein personenbedingter Grund ist für den Arbeitnehmer nicht steuerbar, wohingegen der verhaltensbedingte Kündigungsgrund zur freien Disposition des Arbeitnehmers steht, eine Korrektur seines Verhaltens für ihn also jederzeit möglich ist. Weiterhin erfolgt die personenbedingte Kündigung aus Gründen einer *negativen Zukunftsprognose*.

**Beispiel 3:** Beispiele für personenbedingte Gründe sind Alkohol- und andere Suchtkrankheiten, Verlust der erforderlichen Erlaubnis zur Berufsausübung (Busfahrer ohne Führerschein), Arbeitsverhinderung wegen Haft, fehlende Arbeitserlaubnis bei Ausländern.

Hauptfall der personenbedingten Kündigung ist die **Krankheit** des Arbeitnehmers. Darunter fallen beispielsweise die Kündigung wegen langandauernder Krankheit, wegen häufiger Kurzerkrankungen oder wegen krankheitsbedingter Minderung der Leistungsfähigkeit.

**Bei krankheitsbedingter Kündigung gilt das folgende drei-Stufen-Schema:**

**1. Stufe:** Es muss eine **negative Prognose** des zukünftigen Gesundheitszustandes vorliegen. Das ist der Fall, wenn der Arbeitnehmer in Zukunft vermutlich nicht (voll) einsatzfähig sein wird.

**2. Stufe:** Ein konkreter Nachweis erheblicher **betrieblicher Störungen** ist darzulegen, z.B. Planungsprobleme, hohe Kosten von Überbrückungsmaßnahmen, außergewöhnlich hohe Lohnfortzahlungskosten.

**3. Stufe: Interessenabwägung,** ob dem Arbeitgeber die erhebliche Belastung weiter zuzumuten ist. Bei der Kündigung als *ultima ratio* (= äußerstes Mittel) ist zu prüfen, ob kein milderes Mittel, beispielsweise eine anderweitige Beschäftigungsmöglichkeit des betroffenen Arbeitnehmers, möglich ist. Es gilt der **Vorrang der Änderungskündigung** vor der Beendigungskündigung. Unter einer Änderungskündigung versteht man eine Kündigung des Arbeitsverhältnisses, verbunden mit dem Angebot der Fortsetzung zu geänderten Bedingungen. Ist der Arbeitnehmer nicht damit einverstanden, kann er die Änderung zunächst annehmen unter dem Vorbehalt, dass sie sozial gerechtfertigt ist, § 2 KSchG.

### 1.4.3.2. Die verhaltensbedingte Kündigung

Zu der Gruppe der verhaltensbedingten Kündigungsgründe gehören vor allen Dingen die Pflichtverletzungen des Arbeitnehmers.

**Beispiel 4:** Verspätungen oder zu frühes Aufhören, wiederholtes unentschuldigtes Fehlen, Störungen im Vertrauensbereich wie z.B. Schmiergeldannahme oder Spesenbetrug, Verstöße gegen die betriebliche Ordnung wie etwa Nichtbeachtung des Rauchverbots, Nichtbefolgen von Arbeitsanweisungen und Schlechtleistung, Alkoholmissbrauch ohne Alkoholabhängigkeit, private Telefongespräche auf Kosten des Arbeitgebers.

Voraussetzung ist, dass eine **nicht unerhebliche Beeinträchtigung der Arbeitgeberinteressen** vorliegt. Grundsätzliches Erfordernis ist die **Abmahnung** als „Vorstufe" zu einer Kündigung. Sie ist eine geschäftsähnliche Handlung und erfolgt durch schriftliche oder mündliche Erklärung gegenüber dem Arbeitnehmer.

**Die Abmahnung ist nur wirksam, wenn**

- das Fehlverhalten konkret nach Art, Zeit und Ort bezeichnet wird, sog. **Hinweisfunktion;**
- der Arbeitnehmer genügend bestimmt aufgefordert wird, das gerügte Verhalten künftig abzustellen, sog. **Ermahnungsfunktion;**
- die Kündigung im Wiederholungsfall unmißverständlich angedroht wird, sog. **Warnfunktion.**

Die Abmahnung deckt nur gleichartiges Verhalten. Nur der einschlägig vorgewarnte Arbeitnehmer weiß, dass er mit einer Kündigung rechnen muss, wenn er erneut in gleicher Weise gegen den Arbeitsvertrag verstößt.

**Beispiel 5:** A erhält von Arbeitgeber B eine Abmahnung wegen mehrmaliger unentschuldigter Verspätungen. Hiervon aufgeschreckt, erscheint A fortan immer überpünktlich zur Arbeit. Er hat sich allerdings angewöhnt, sich mehrmals täglich von dem Firmentelefon aus bei seinem neuen Schatzi nach deren Wohlbefinden zu erkundigen. B fühlt sich nun des A überdrüssig und kündigt ihm verhaltensbedingt wegen der Telefonate. Zu Recht?

**Lösung:** Die Kündigung ist unwirksam, da die Abmahnung aus einem anderen Grund erfolgte. Sie gilt allerdings als erste neue Abmahnung.

In Ausnahmefällen ist dem BAG zufolge eine Abmahnung entbehrlich. Nicht erforderlich ist die Abmahnung z.B. bei einer **schwerwiegenden Störung im Vertrauensbereich.**

**Beispiel 6:** Arbeitgeber A bemerkt, dass sein Lagermeister L den halben Warenbestand „privat verkauft“ hat. Hier muss A nicht extra abmahnen.

Bleibt der Mitarbeiter im **Leistungsbereich** hinter den Anforderungen zurück, kann der Arbeitgeber nach einer erheblichen Pflichtverletzung ausnahmsweise ohne Abmahnung kündigen, wenn

- der Arbeitnehmer von vornherein nicht willens ist, sein Verhalten zu ändern und vorsätzlich falsch arbeitet;
- die Pflichtverletzung so schwer wiegt, dass die weitere Fortsetzung des Arbeitsverhältnisses für den Arbeitgeber unzumutbar ist.

Wie bei der personenbedingten Kündigung müssen auch bei der verhaltensbedingten Kündigung die Interessen abgewogen werden. Zu berücksichtigende Umstände sind insbesondere:

- Gewicht und Intensität der Vertragsverletzung
- Dauer des ungestört verlaufenden Arbeitsverhältnisses
- Grad des Verschuldens
- Einmaliges Fehlverhalten oder Wiederholungsgefahr
- Länge der Kündigungsfrist.

### 1.4.3.3. Die betriebsbedingte Kündigung

Anders als bei den beiden o.g. Gründen, wird bei der betriebsbedingten Kündigung nicht mehr auf den Bereich des Arbeitnehmers abgestellt, sondern vielmehr auf Gründe, die in der **Sphäre des Arbeitgebers** liegen. Eine Kündigung aus betriebsbedingten Gründen setzt voraus, dass **dringende betriebliche Erfordernisse** einer Weiterbeschäftigung entgegenstehen. Sie gilt als **ultima ratio,** d. h. der Arbeitgeber darf die Kündigung nicht durch andere Maßnahmen verhindern können, wie z. B. durch Abbau von Mehrarbeit, Umschulung, Versetzung, Änderungskündigung.

Voraussetzung ist, dass ein **dringendes** betriebliches Erfordernis besteht. Es müssen inner- oder außerbetriebliche Umstände vorliegen, die der Weiterbeschäftigung eines Arbeitnehmers entgegenstehen.

**Beispiel 7:** Innerbetriebliche Gründe sind: Einschränkung der Produktion, Rationalisierung, Stillegung einer Abteilung im Betrieb, Verlagerung von Produktionen ins Ausland. Außerbetriebliche Gründe sind: Absatzschwierigkeiten, Auftragsmangel, Ausbleiben von Krediten.

Die **Darlegungs- und Beweislast** dafür, dass die Kündigung durch dringende betriebliche Erfordernisse bedingt ist, trägt der Arbeitgeber. Er muss daher z.B. konkret einen etwaigen Umsatzrückgang nachprüfbar darlegen sowie die sich daraus ergebende Verringerung des Arbeitskräftebedarfs. Auch die Auswirkung dieser Umstände auf den Arbeitsplatz des gekündigten Arbeitnehmers muss der Arbeitgeber darlegen und ggf. beweisen.

Sozial ungerechtfertigt ist eine betriebsbedingte Kündigung in Betrieben des privaten Rechts gemäß § 1 Abs. 2 S. 2 KSchG auch dann, wenn

- die Kündigung gemäß Nr. 1a) gegen eine Richtlinie nach § 95 des Betriebsverfassungsgesetzes verstößt
- gemäß Nr. 1b) eine anderweitige Beschäftigungsmöglichkeit besteht und der Betriebsrat schriftlich widersprochen hat.

Nachdem ermittelt wurde, dass irgendein Arbeitnehmer aus betriebsbedingten Gründen ausscheiden muss, heißt dies noch lange nicht, dass die Kündigung damit sozial gerechtfertigt ist. Es kann nämlich sein, dass der Arbeitgeber von allen in Betracht kommenden den „falschen" ausgewählt hat. Der Arbeitgeber hat gemäß **§ 1 Abs. 3 KSchG** die **Sozialauswahl** zu tätigen. Eine unzutreffende Sozialauswahl führt dazu, dass die betriebsbedingte Kündigung sozial ungerechtfertigt ist.

Die Sozialauswahl ist nur betriebsbezogen, erstreckt sich also nicht auf das gesamte Unternehmen und betrifft nur vergleichbare Arbeitnehmer auf der gleichen Stufe, sog. horizontale Sozialauswahl. Zu entlassen ist der Arbeitnehmer, der am wenigsten auf seinen Arbeitsplatz angewiesen ist und durch die Kündigung die geringsten Nachteile zu erwarten hat. Bei der Auswahl hat der Arbeitgeber nur folgende Gesichtspunkte berücksichtigen:

- Betriebszugehörigkeitsdauer,
- Lebensalter,
- Unterhaltspflichten,
- eine etwaige Schwerbehinderung des ArbN.

**Beispiel 8:** B, Vater zweier minderjähriger Kinder, arbeitet seit 15 Jahren im Schreinerbetrieb des A als Schreiner. Aufgrund des zunehmenden Rückgangs von Aufträgen kündigt der A dem B betriebsbedingt. B erhebt Kündigungsschutzklage und trägt beim gerichtlichen Termin vor, dass seine Kündigung nicht gerechtfertigt sei. Einen Auftragsmangel könne er nur bedingt feststellen, außerdem sei, wie er aus sicheren Quellen wüsste, in Zukunft mit einem Großauftrag von immensem Umfang zu rechnen. Ferner sei der 20-jährige ledige, kinderlose Schreiner C erst seit 2 Jahren im Betrieb beschäftigt. C werde aus ihm unerklärlichen Gründen weiterbeschäftigt, obwohl beide die gleiche Arbeit verrichteten. Ist die Kündigung sozial gerechtfertigt?

**Lösung:** Das Gericht prüft, ob ein dringender betrieblicher Grund i. S. v. § 1 Abs. 2 KSchG vorliegt. Dies ist zu bejahen, wenn ein konkreter Wegfall des Arbeitsplatzes vom Arbeitgeber dargelegt werden kann. Hat dies der A genügend bewiesen und ist eine offensichtliche Willkür nicht ersichtlich, obliegt ihm allein die freie Entscheidung einer Betriebsverkleinerung. Dies muss vom Gericht hingenommen werden.

Daneben hat das Gericht zu prüfen, ob der Arbeitgeber A bei der Auswahl des zu kündigenden Arbeitnehmers eine ordnungsgemäße Sozialauswahl getroffen hat. Im Rahmen der Sozialauswahl ist davon auszugehen, dass der 20-jährige ledige, kinderlose C im Vergleich zu B die ungünstigeren Sozialdaten hat und folglich von der Sozialauswahl getroffen werden müsste. C ist erst seit 2 Jahren bei A beschäftigt, während B dort schon 15 Jahre arbeitet. Beide können miteinander verglichen werden, da sie in der Betriebshierarchie auf der gleichen Stufe stehen. Arbeitgeber A hat also die sozialen Gesichtspunkte nicht genügend berücksichtigt. Daher ist die Kündigung nach § 1 Abs. 3 KSchG sozial ungerechtfertigt.

**Beispiel 9:** Arbeitnehmer B ist im Unternehmen des A als Schreiner beschäftigt, C geht aufgrund seiner herausragenden Fähigkeiten der Tätigkeit eines Vorarbeiters nach. - In dieser Konstellation verbietet sich ein Vergleich beider Arbeitnehmer, da sie in der Betriebshierarchie auf unterschiedlichen Stufen tätig sind und keine vertikale Vergleichsprüfung stattfindet.

Von der sozialen Auswahl können insbes. die **„Leistungsträger“** des Betriebs ausgenommen werden, § 1 Abs. 3 Satz 2 KSchG.

**Beispiel 10:** Arbeitnehmer B ist im Unternehmen des A als Schreiner beschäftigt. C ist zwar ebenfalls Schreiner; er ist aber der einzige Mitarbeiter in der Firma, der die teure Spezialmaschine bedienen kann. – Obwohl B und C auf der gleichen Stufe stehen, ist C gemäß § 1 Abs. 3 Satz 2 KSchG wegen seiner Kenntnisse und Fähigkeiten in die soziale Auswahl nicht mit einzubeziehen.

### 1.4.4. Der Weiterbeschäftigungsanspruch

Wenn dem Arbeitnehmer ordentlich gekündigt wurde und der Kündigungsprozess noch „läuft", stellt sich die Frage, ob der Arbeitnehmer während dieser „Übergangsphase" einen Anspruch auf Weiterbeschäftigung zu den bisherigen Bedingungen hat.

Der Arbeitnehmer hat immer dann ein Recht auf Weiterberschäftigung, wenn der Betriebsrat der Kündigung ordnungsgemäß widersprochen und der Arbeitnehmer fristgerecht Kündigungsschutzklage erhoben hat, **§ 102 Abs. 5 S.1 BetrVG.** In bestimmten Fällen kann der Arbeitgeber dann den Erlass einer einstweiligen Verfügung mit dem Inhalt beantragen, von der Weiterbeschäftigungspflicht entbunden zu werden, § 102 Abs. 5 S. 2 BetrVG.

Insbesondere dann, wenn das Unternehmen keinen Betriebsrat oder dieser nicht widersprochen hat, fehlt es an einer gesetzlichen Grundlage für einen Weiterbeschäftigungsanspruch. Grundsätzlich überwiegen die Interessen des Arbeitgebers an der Nichtbeschäftigung, da er in der Regel einen Grund für sein Beendigungsstreben vorweisen kann. So ist es ihm oftmals unzumutbar, den Arbeitnehmer weiter zu beschäftigen.

**Beispiel 11:** Der Arbeitgeber hat zu befürchten, dass der Arbeitnehmer B, wie schon geschehen, weiterhin seine Kollegen mobbt.

Der Große Senat des BAG bejaht jedoch ein Überwiegen der Arbeitnehmerinteressen und damit einen Weiterbeschäftigungsanspruch, wenn

- die Kündigung offensichtlich unwirksam ist und
- schutzwerte Interessen des Arbeitgebers nicht entgegenstehen.

Offensichtlich unwirksam ist eine Kündigung z.B. bei Verstoß gegen § 102 Abs. 1 Satz 3 BetrVG oder § 9 Abs. 1 MuSchG. Spätestens aber, nachdem durch ein Urteil festgestellt wurde, dass die Kündigung unwirksam war, hat der Arbeitnehmer einen Anspruch auf Weiterbeschäftigung.

**Beispiel 12:** Das Arbeitsgericht in M hat festgestellt, dass die Kündigung des Arbeitnehmers B durch Arbeitgeber A unwirksam war. A geht in Berufung, so dass der Kündigungsprozess weiterläuft. – Hier hat B einen Anspruch auf Weiterbeschäftigung bis zur Beendigung des Prozesses.

## 1.5. Die gesetzliche Kündigungsfrist, § 622 BGB

Die ordentliche Kündigung wird erst nach Ablauf der sog. Kündigungsfrist wirksam. Gemäß § 622 Abs. 1 BGB kann die ordentliche Kündigung beiderseits mit einer Frist von vier Wochen zum Fünfzehnten oder zum Monatsende erfolgen. Ist der Arbeitnehmer länger als zwei Jahre im Betrieb beschäftigt, gelten für die Kündigung durch den Arbeitgeber i. S. v. Abs. 2 längere, gestaffelte Fristen, die sich nach der Dauer der Betriebszugehörigkeit errechnen.

Da es sich bei § 622 Abs. 2 BGB um eine besondere Schutzvorschrift zu Gunsten der Arbeitnehmer handelt, ist diese nur auf Kündigungen „durch den Arbeitgeber" anwendbar. Kündigt der *Arbeitnehmer*, ist er an die Fristen des § 622 Abs. 2 BGB also nicht gebunden. Gemäß § 622 Abs. 4 können von den Absätzen 1 bis 3 abweichende Regelungen durch *Tarifvertrag* vereinbart werden.

## 2. Die außerordentliche Kündigung

**2.1. Die Kündigungserklärung**
- **Schriftform**
- **Zugang**

**2.2. Die Anhörung des Betriebsrates, § 102 BetrVG**
**2.3. Der besondere Kündigungsschutz**
**2.4. Der wichtige Grund, § 626 Abs. 1**
**2.5. Die Kündigungserklärungsfrist, § 626 Abs. 2**
**2.6. Die Klagefrist, § 13 KSchG**
**2.7. Umdeutung in eine ordentliche Kündig., § 140 BGB**

Bei der außerordentlichen Kündigung können Arbeitnehmer oder Arbeitgeber nach § 626 Abs. 1 BGB das Arbeitsverhältnis *ohne Einhaltung einer Frist wirksam* beenden, wenn sie sich auf einen *wichtigen Grund* berufen. Die außerordentliche Kündigung erfolgt meistens fristlos, d. h. mit sofortiger Wirkung.

### 2.1. Die Kündigungserklärung

In der Kündigungserklärung muss unmissverständlich zum Ausdruck gebracht werden, dass der Kündigende das Arbeitsverhältnis ohne Einhaltung einer Frist beenden will. Bei der außerordentlichen Kündigung muss *auf Verlangen des anderen Teils* der *Kündigungsgrund* unverzüglich *mitgeteilt* werden, § 626 Abs. 2 S. 3 BGB. Der Gekündigte soll so die Möglichkeit erhalten, nachzuprüfen, ob ein wichtiger Grund für die Kündigung vorliegt.

Wie auch bei der ordentlichen Kündigung ist Voraussetzung für die Wirksamkeit der außerordentlichen Kündigung, dass diese gemäß **§ 623 BGB schriftlich** erfolgt und die Erklärung dem anderen gemäß **§ 130 BGB** *zugegangen* ist.

## 2.2. Die Anhörung des Betriebsrates, § 102 BetrVG

Der Betriebsrat ist – sofern vorhanden – gemäß § 102 Abs. 1 BetrVG **vor jeder Kündigung** zu hören. Hierbei muss der Arbeitgeber die Gründe der Kündigung angeben, sowie dem Betriebsrat alle Informationen (zur Person und den sozialen Verhältnissen des Arbeitnehmers) zur Verfügung stellen. Wird dies versäumt, ist die Kündigung unwirksam, § 102 Abs. 1 S. 3 BetrVG. Die **Anhörungsfrist** des Betriebsrates beträgt anders als bei der ordentlichen Kündigung lediglich **drei Tage,** § 102 Abs.2 S. 3 BetrVG.

## 2.3. Der besondere Kündigungsschutz

Besonderen Kündigungsschutz genießen bei einer außerordentlichen Kündigung

- Schwangere gemäß § 9 MuschG,
- Betriebsräte gemäß § 103 BetrVG,
- Schwerbehinderte gemäß §§ 85, 91 SGB IX;
- Erziehungsurlauber gemäß § 18 BerzGG.

## 2.4. Der wichtige Grund nach § 626 Abs. 1 BGB

Jede außerordentliche Kündigung bedarf zu ihrer Rechtswirksamkeit eines **wichtigen Grundes.** Dazu müssen *Tatsachen* vorliegen, die unter Abwägung der Interessen beider Vertragspartner und unter Berücksichtigung aller Umstände des Einzelfalls die Fortsetzung des Arbeitsverhältnisses bis zum Ablauf der Kündigungsfrist **unzumutbar** machen.

**Beispiel 13:** Ein wichtiger Grund ist z.B. gegeben, wenn beim Bewerbungsgespräch gefälschte Zeugnisse vorgelegt wurden; auch das Vortäuschen von Krankheiten, die Begehung Straftaten, der Verrat von Betriebsgeheimnissen an Konkurrenzunternehmen, die Bestechlichkeit, der Spesenbetrug und die beharrliche Arbeitsverweigerung gilt als wichtiger Grund.

Es muss also dem Arbeitgeber **unzumutbar** sein, das Arbeitsverhältnis bis zu dem Zeitpunkt fortzusetzen, zu dem ordentlich gekündigt werden kann. Auch hier gilt das Ultima-Ratio-Prinzip.

Grundsätzlich bedarf es auch bei der außerordentlichen Kündigung einer vorherigen **Abmahnung** des vertragswidrigen Verhaltens. Dies gilt vor allem, wenn es um ein *steuerbares Verhalten* des betreffenden Arbeitnehmers geht und die *Wiederherstellung des Vertrauens* erwartet werden kann. Entbehrlich ist die Abmahnung nur, wenn das Fehlverhalten des Arbeitnehmers derart schwerwiegend ist, dass eine vorherige Abmahnung nicht erwartet werden kann.

### 2.5. Die Kündigungserklärungsfrist, § 626 Abs. 2

Nach § 626 Abs. 2 BGB muss die Kündigung innerhalb von **zwei Wochen** nach Erlangung der sicheren Kenntnis von den für die Kündigung maßgebenden Tatsachen erklärt werden. Dies ist eine Ausschlussfrist. Nach Ablauf der Frist ist die außerordentliche Kündigung automatisch unwirksam.

### 2.6. Die Klagefrist gemäß § 13 KSchG

Der Arbeitnehmer hat eine Kündigungsschutzklage gemäß §§ 13, 4, 7 KSchG innerhalb der **3-Wochen-Frist** zu erheben.

### 2.7. Die Umdeutung in eine ordentliche Kündigung

Eine unwirksame außerordentliche Kündigung, für die es etwa an dem nach § 626 Abs.1 BGB erforderlichen wichtigen Grund fehlt, kann gemäß **§ 140 BGB** in eine wirksame ordentliche Kündigung zum nächsten Kündigungstermin **umgedeutet** werden. Dazu müssen die Voraussetzungen für eine ordentliche Kündigung (z.B. Anhörung des Betriebsrates hinsichtlich einer ordentlichen Kündigung, § 102 Abs. 1 BetrVG) vorliegen und die Umdeutung muss dem mutmaßlichen, für den Arbeitnehmer im Zeitpunkt des Kündigungszugangs erkennbaren Willen des Arbeitgebers, das Arbeitsverhältnis in jedem Fall zu beenden, entsprechen. Um ganz sicher zu gehen, kann der Arbeitgeber gleichzeitig neben der außerordentlichen Kündigung vorsorglich auch eine ordentliche Kündigung erklären, also zwei Kündigungen aussprechen.

## 3. Die Verdachtskündigung

Probleme tauchen auf, wenn z. B. der Verdacht einer Straftatbegehung durch den Arbeitnehmer im Raum steht, dieser sich aber (noch) nicht zweifelsfrei beweisen lässt. Das Vertrauensverhältnis zwischen Arbeitgeber und Arbeitnehmer ist jedenfalls zerstört; daher hat der Arbeitgeber ein schutzwürdiges Interesse an der außerordentlichen Kündigung. Auf der anderen Seite gilt eine **Unschuldsvermutung** zugunsten des Arbeitnehmers. An die Verdachtskündigung werden daher **strenge Anforderungen** gestellt:

- Der Verdacht muss durch **objektive Tatsachen** begründet sein, so dass sich ein verständiger und gerecht abwägender Arbeitgeber zum Kündigungsausspruch veranlasst sehen kann.
- Der Verdacht muss so **dringend** sein, dass sich bei kritischer Prüfung eine auf Indizien gestützte große Wahrscheinlichkeit der Tatbegehung durch den zu kündigenden Arbeitnehmer ergibt.
- Der Arbeitgeber muss alles ihm Zumutbare zur Sachverhaltsaufklärung getan haben, insbesondere muss dem betroffenen Arbeitnehmer die **Möglichkeit der Stellungnahme** eingeräumt werden.
- Dem Arbeitgeber war die Fortsetzung des Arbeitsverhältnisses auf Grund des dringenden Tatverdachts nach einer **Interessenabwägung** sogar bis zum Ablauf der Kündigungsfrist nicht zumutbar.

Bei der Interessenabwägung müssen wiederum alle tatsächlichen Umstände des Einzelfalls berücksichtigt werden. Im Übrigen muss auch vor der Verdachtskündigung gemäß § 102 Abs. 1 BetrVG der Betriebsrat angehört werden.

### ▸ Literatur zu dieser Lektion


🕮 Holland, **JA** 2002, 209 (§ 626 - Klausur)

🕮 Schürmann/Vetter, **JA** 1997, 94 (Kündigung - Grundlagen)

🕮 Schöpflin, **JA** 1998, 554 (Kündigung - Klausur)

🕮 Melms, **JA** 1999, 310 (Kündigung - Grundlagen)

🕮 Wolf/Deinert, **Jura** 1998, 250 (255) (§ 626 - Klausur)

🕮 Schimmel, **JA** 1998, 270 (Verdachtskündigung - Grundlagen)

🕮 Annuß, **JA** 1997, 377 (betriebsbedingte Kündig. - Grundlagen)

🕮 Hesse, **JA** 1997, 533 (betriebsbedingte Kündig. - Grundlagen)


## Lektion 8: Der Betriebsübergang, § 613 a BGB

Der Betriebsübergang ist in **§ 613a BGB** geregelt und beruht auf der Umsetzung von EG-Richtlinien. Voraussetzung ist, dass ein Betrieb oder Betriebsteil durch Rechtsgeschäft auf einen anderen Inhaber übergeht. Der neue Inhaber muss die Arbeitsaufgabe fortführen und er muss dies mit den Betriebsmitteln des vorherigen Inhabers tun.

Der Zweck des § 613 a BGB besteht darin, dass dem Arbeitnehmer durch die Betriebsübernahme keinerlei Nachteile entstehen sollen. Daher behalten die Arbeitnehmer ihre Ansprüche.

**Beispiel 1:** Der Techniker T ist seit 2 Jahren bei der Medizintechnikfirma M angestellt. Firma F kauft die M, übernimmt die Patente und 25 Mitarbeiter und stellt nun die Produkte her, die auch bis dahin hergestellt wurden. Zwei Monate später wird T betriebsbedingt gekündigt. T fragt, ob er Kündigungsschutz nach § 1 KSchG beanspruchen kann und wie hoch ggf. seine Abfindung wäre.

**Lösung:** T kann Kündigungsschutz beanspruchen, wenn sein Arbeitsverhältnis in *demselben* Betrieb oder Unternehmen ohne Unterbrechung länger als sechs Monate bestanden hat, § 1 I KSchG. Zwar ist T bei F erst seit zwei Monaten beschäftigt. Jedoch hat F durch einen Betriebsübergang gemäß § 613 a Abs. 1 die bei M bestehenden Arbeitsverträge übernommen. Deshalb sind die zwei Jahre, die T bei M gearbeitet hat, hinzuzurechnen. T kann also Kündigungsschutz beanspruchen.
Bei der Abfindung wird als Faustregel für jedes Beschäftigungsjahr ein halbes Monatsentgelt brutto = netto festgesetzt. Aufgrund des Betriebsübergangs kann T also für 2 Jahre eine Abfindung in Höhe eines Bruttomonatslohnes fordern, die ihm ohne Abzüge ausbezahlt würde.

§ 613 a setzt den **Übergang eines Betriebes oder Betriebsteils** voraus. Der Übergang eines Betriebes i. S. v. § 613 a BGB erfordert, dass **wesentliche Betriebsmittel** übergehen, d. h. sachliche und immaterielle Betriebsmittel, mit denen der Erwerber bestimmte arbeitstechnische Zwecke verfolgen kann. Dabei ist nicht erforderlich, dass alle Wirtschaftsgüter, die zum Betrieb des Inhabers gehören, übergehen. Entscheidend ist, ob der neue Inhaber mit den übernommenen Betriebsmitteln den Betrieb oder Betriebsteil im wesentlichen unverändert fortführen kann.

**Beispiel 2:** Betriebsmittel sind z.B. bei *Produktionsbetrieben* die Produktionsstätte und die Maschinen. Insbesondere bei *Dienstleistungsbetrieben* ist die Einstellung der Hauptbelegschaft eines Betriebes als organisierte Gesamtheit durch einen neuen Arbeitgeber ein entscheidendes Indiz für einen Betriebsübergang.

Ausreichend ist auch der Übergang eines **Betriebsteils.** Hierunter ist eine organisatorische Untergliederung des Betriebs zu verstehen, in der bestimmte arbeitstechnische Teilzwecke verfolgt werden.

**Beispiel 3:** Es wird eine Betriebsabteilung oder ein Nebenbetrieb übernommen.

Nach h. M. wird der Übergang des **Betriebssubstrates** gefordert. Hierbei ist zu beachten, dass eine bloße **Funktionsnachfolge** (Übernahme der bisherigen betrieblichen Tätigkeit) allein kein Betriebsübergang ist.

Nach der Rechtsprechung des EUGH wird vielmehr darauf abgestellt, ob eine **Wahrung der betrieblichen Identität** vorliegt.

**Beispiel 4:** Arbeitnehmer A ist bei der Reinigungsfirma R angestellt. Arbeitsvertraglich ist A allein für die Reinigung des Krankenhauses K zuständig. Da die Reinigungsfirma X ein günstigeres Angebot gemacht hat, kündigt das Krankenhaus am 01.06. zum 30.09. den Vertrag mit der Firma R und erteilt ihn der Firma X. Firma R hat nun für den A keine Verwendung mehr und kündigt ihm und allen anderen 87 im Krankenhaus K eingesetzten Mitarbeitern am 02.06. zum 30.09 betriebsbedingt. Firma X stellt von den vorher im Krankenhaus für Firma R tätigen Mitarbeitern 75 zum 30.09. bei sich ein und lässt sie im Krankenhaus K dort arbeiten, wo sie schon früher gearbeitet haben. A macht vor Gericht geltend, dass die Kündigung durch R wegen eines Betriebsübergangs ausgesprochen worden und deshalb nach § 613 a Abs. 4 unwirksam sei. Zu Recht?

**Lösung:** Wegen eines Betriebsübergangs im Sinne des § 613 a Abs. 4 wird eine Kündigung nur dann ausgesprochen, wenn der Betriebsübergang die *überwiegende Ursache* der Kündigung bildet. Der Betriebsübergang muss der Beweggrund für die Kündigung gewesen sein. Dabei ist ausschließlich auf die Verhältnisse im Zeitpunkt des Wirksamwerdens der Kündigung, also bei Zugang der Kündigung, abzustellen.

**I.** Im Zeitpunkt des Zugangs der Kündigung am 02.06. lag lediglich eine *Funktionsnachfolge* vor, die nach h.M. nicht die Voraussetzungen eines Betriebsübergangs im Sinne von § 613 a BGB erfüllt. Denn der bloße Verlust eines Auftrags an einen Mitbewerber stellt für sich genommen laut EuGH keinen Betriebsübergang auf den Mitbewerber dar.

**II.** Ein Betriebsübergang könnte jedoch dadurch zustande gekommen sein, dass die Firma X 75 der 87 vorher bei R tätigen Mitarbeiter auf ihren früheren Positionen einstellte. In Branchen, in denen es im Wesentlichen auf die menschliche Arbeitskraft ankommt, kann in einer organisierten Gesamtheit von Arbeitnehmern, die durch eine gemeinsame Tätigkeit dauerhaft verbunden sind, eine übernahmefähige wirtschaftliche Einheit gesehen werden, die im Falle ihrer Übernahme einen Betriebsübergang darstellt. Jedoch wurden die Mitarbeiter erst zum 30.09. und damit erst *nach* der Kündigung (02.06.) übernommen. Es ist daher nicht denkbar, dass dem A *wegen eines Betriebsübergangs* gekündigt worden ist.

Kommt es **nach Zugang** der Kündigung zu einem Betriebsübergang im Sinne der Rechtsprechung des EUGH, haben die gekündigten Arbeitnehmer, die in der Einheit beschäftigt waren, einen Anspruch gegen den neuen Auftraggeber, zu unveränderten Arbeitsbedingungen unter Wahrung ihres Besitzstandes eingestellt zu werden. Voraussetzung ist, dass im Zeitraum zwischen Ausspruch einer ordentlichen betriebsbedingten Kündigung und dem Kündigungstermin ein bei Ausspruch der Kündigung noch nicht abzusehender Betriebsübergang stattfindet.

In **Beispiel 4** hat A gegen Firma X einen Anspruch auf Fortsetzung des Arbeitsverhältnisses zu unveränderten Bedingungen.

Voraussetzung des § 613 a ist weiter, dass der Betrieb oder Betriebsteil durch **Rechtsgeschäft** übergeht. Ein Rechtsgeschäft liegt z.B. bei Verkauf, Verpachtung oder Fusion vor. Kein Rechtsgeschäft ist die *Gesamtrechtsnachfolge* gemäß § 1922 BGB infolge eines Erbfalls. Maßgeblich ist ferner die *tatsächliche Übernahme* des Betriebs durch Übernahme der Leitungsmacht; der Zeitpunkt des Abschlusses des Übernahmevertrages ist dagegen unbeachtlich.

Die Schutzfunktion des § 613 a BGB könnte in das Gegenteil verkehrt werden, wenn sich die Arbeitnehmer einen neuen Arbeitgeber aufdrängen lassen müssten, der sich als weniger seriöser Vertragspartner darstellt als der bisherige. Ferner darf dem Arbeitnehmer schon angesichts seines allgemeinen Persönlichkeitsrechts nach Art. 1 i. V. m. Art. 2 Abs. 1 GG und seines Rechts auf freie Wahl des Arbeitsplatzes, Art. 12 Abs. 1 GG, nicht ohne weiteres ein neuer Arbeitgeber „aufgezwungen“ werden. Nach § 613 a Abs. 6 BGB können die Arbeitnehmer daher dem Übergang des Arbeitsverhältnisses innerhalb eines Monats gegenüber dem bisherigen Arbeitgeber oder gegenüber dem Erwerber schriftlich **widersprechen.** Der Widerspruch des Arbeitnehmers führt dazu, dass das Arbeitsverhältnis mit dem alten Arbeitgeber weiter besteht.

Liegt ein Betriebsübergang vor, so hat dies folgende Rechtsfolgen:

- Übergang der Arbeitgeberstellung mit allen Rechten und Pflichten auf den neuen Inhaber, § 613 a Abs.1 S.1 BGB. Er hat alle rückständigen und zukünftigen Haupt- und Nebenforderungen der Arbeitnehmer aus dem Arbeitsverhältnis zu erfüllen.
- Regelungen aus dem Tarifvertrag oder durch Betriebsvereinbarungen gelten individualrechtlich als Inhalt des Arbeitsvertrages zwischen Arbeitnehmer und Erwerber weiter, § 613 a Abs. 1 S. 2 BGB. Sie dürfen grds. vor Ablauf eines Jahres nach dem Zeitpunkt des Übergangs nicht zum Nachteil des Arbeitnehmers geändert werden. Danach ist eine Änderung durch Vertrag oder Änderungskündigung möglich.
- Gesamtschuldnerische Haftung des Veräußerers für Lohnansprüche gemäß § 613 a Abs. 2 BGB. Neuer und bisheriger Arbeitgeber haften gesamtschuldnerisch nebeneinander für Verpflichtungen aus dem Arbeitsverhältnis, soweit sie vor dem Zeitpunkt des Übergangs entstanden sind und vor Ablauf von einem Jahr nach diesem Zeitpunkt fällig werden.
- Unwirksamkeit einer Kündigung gemäß § 613 a Abs. 4 BGB. Der Betriebsübergang selbst darf kein Kündigungsgrund sein, d. h. er darf nicht wesentlich durch den Betriebsinhaberwechsel bedingt sein. Aus anderen Gründen kann der Erwerber aber kündigen. So kann er geltend machen, dass sein Bedarf an Arbeitskräften nicht so groß ist, dass er sowohl die schon bisher bei ihm tätigen wie auch die hinzukommenden Arbeitnehmer weiterbeschäftigen kann. Bei einer betriebsbedingten Kündigung hat er dann die Kriterien der sozialen Auswahl bei allen Arbeitnehmern gleich zu berücksichtigen.

**▸ Literatur zu dieser Lektion**

📖 Dillenburger/Pauly, **JA** 1995, 463 (§ 613 a BGB - Grundlagen)

# Lektion 9: Der Arbeitskampf

Die Koalitionen sind beim Aushandeln der Tarifverträge frei von staatlichen Einflüssen, da eine staatliche Zwangsschlichtung nicht stattfindet. Die häufigsten Arbeitskämpfe werden daher um den Abschluss von Tarifverträgen geführt. In Konfliktsituationen, in denen sich die Tarifpartner nicht gütlich einigen können, ist der Arbeitskampf zulässig. Hierdurch werden die Parteien ohne Einmischung durch den Staat unter einen Einigungszwang gestellt.

Das Arbeitskampfrecht befasst sich also mit den kampfartigen Erscheinungen des Arbeitslebens. Aufgabe des Arbeitskampfrechtes ist es, die Zulässigkeit und arbeitsrechtlichen Folgen derartiger Kampfmaßnahmen zu bestimmen.

Der Arbeitskampf ist die von der Arbeitgeber- oder Arbeitnehmerseite zur Erreichung bestimmter Ziele mittels kollektiver Störungen der Arbeitsbeziehungen bewirkte Druckausübung. Arbeitgeber benutzen in der Regel die **Aussperrung** als Druckmittel. Für die Arbeitnehmer ist die wichtigste Form der Druckausübung die gemeinsame und mehrheitliche Vorenthaltung der Arbeitsleistung. Sie kommt hauptsächlich in der Form des **Streiks** vor.

## 1. Der Streik

### 1.1. Definition

Unter einem **Streik** ist die Druckausübung einer Mehrheit von Arbeitnehmern durch die planmäßige und gemeinsame Verweigerung der geschuldeten Arbeitsleistung zur Durchsetzung von Forderungen, regelmäßig zur Verbesserung der Lohn- und Arbeitsbedingungen, zu verstehen.

Die Vorenthaltung der Arbeitsleistung ist dabei grundsätzlich nur **vorübergehend** beabsichtigt, d. h. die Arbeit soll nach Erreichung des Ziels wieder aufgenommen werden. Streiks werden üblicherweise von Gewerkschaften organisiert und geleitet. Spontane und/oder von Arbeitnehmergruppen selbst geführte „wilde" Streiks sind eher selten.

Gewerkschaftliche Streiks werden meistens mit einer sog. **Urabstimmung** eingeleitet, an der nur Gewerkschaftsmitglieder teilnehmen. Voraussetzung ist eine sog. qualifizierte Mehrheit, die vorliegt, wenn ¾ der Abstimmenden sich für den Streik aussprechen. Danach hat der Hauptvorstand der Gewerkschaft den Streik zu genehmigen. Erst dann ergeht die eigentliche Aufforderung an die Mitglieder der Gewerkschaft, sich am Streik zu beteiligen.

## 1.2. Rechtmäßigkeit eines Streiks

Hauptproblem des Arbeitskampfrechts ist die Grenzziehung zwischen rechtmäßigen und rechtswidrigen Arbeitskämpfen. Das Recht zum Arbeitskampf ist einfachgesetzlich – von einigen Teilbereichen abgesehen – nicht geregelt. Es wird jedoch aus Art. 9 Abs. 3 S. 3 GG hergeleitet und ist daher grundrechtlich gewährleistet.

Aufgrund der mangelnden Rechtsgrundlagen kommt der Arbeitskampfrechtsprechung des BAG enorme und quasi „gesetzesvertretende" Bedeutung zu. Die Rechtmäßigkeit eines Streiks prüft das BAG anhand folgender Kriterien:

- Es muss ein rechtlich zulässiges, **tarifvertraglich regelbares Streikziel** vorliegen. Es darf sich also nicht um einen nur **politischen** Streik handeln.
- **Gewerkschaftliche Organisation** des Streiks. Nach h. M. ist der sog. wilde Streit grundsätzlich rechtswidrig.
- Es darf nicht gegen eine **tarifvertragliche Friedenspflicht** verstoßen werden. Durch die Friedenspflicht werden die Tarifvertragspartner verpflichtet, Kampf-

handlungen, die sich gegen bereits geregelte Inhalte des Tarifvertrages richten, weder vorzunehmen noch zu unterstützen. Die Friedenspflicht ist relativ, d. h. sie bezieht sich nur hierauf.

- Die **Verhältnismäßigkeit** muss gewahrt werden. Jedes Arbeitskampfmittel muss dem Gebot der Verhältnismäßigkeit genügen. Nach dem sog. **Ultima-Ratio-Prinzip** müssen vor Streikbeginn alle zumutbaren Verhandlungsmöglichkeiten ausgeschöpft werden. Es herrscht grds. ein Kampfverbot vor Scheitern der Verhandlungen und der gegebenenfalls vertraglich vorgesehenen Schlichtung. Weiterhin dürfen keine unerlaubten, unfairen oder zur Erreichung des Kampfziels nicht notwendigen Kampfmittel eingesetzt werden. Der Streik darf auch nicht auf die **wirtschaftliche Vernichtung** des Gegners gerichtet sein.

## 1.3. Rechtsfolgen

Rechtmäßigkeit oder Rechtswidrigkeit des Streiks entscheiden über die unterschiedlichen Rechtsfolgen.

### 1.3.1. Rechtsfolgen bei rechtmäßigem Streik

- Suspendierung der Hauptpflichten: Die Arbeitnehmer sind dazu berechtigt, sich an einem rechtmäßigen Streik zu beteiligen und der Arbeit fern zu bleiben. Dann ruhen sowohl die Arbeitsleistungspflicht des Arbeitnehmers als auch die Lohnzahlungspflicht des Arbeitgebers.
- Für am Streik **nicht beteiligte** Arbeitnehmer im bestreikten und anderen Betrieben des gleichen Tarifgebietes gilt: Die nicht am Streik teilnehmenden Arbeitnehmer sind dazu verpflichtet, ihre Arbeit, soweit möglich, zu verrichten. Sie behalten grds. ihren Anspruch auf Lohn. Besteht eine streikbedingte **Unmöglichkeit** oder Unzumutbarkeit der Beschäfti-

gung, entfällt der Lohnanspruch. Andernfalls könnten die Gewerkschaften durch das Bestreiken ausgewählter Betriebsteile den gesamten Betrieb lahm legen, der Arbeitgeber müsste hingegen an die unbeteiligten Arbeitnehmer weiter Lohn zahlen. Dadurch entstünde eine ungerechte Verteilung des Kräftegleichgewichts.

- Wird ein Betrieb nur **mittelbar** betroffen, sog. **Fernwirkung,** so behalten die Arbeitnehmer grds. ihren Lohnanspruch.

**Beispiel 1:** Aufgrund eines Streiks im Zuliefer-Betrieb Z kann der nichtbestreikte Betrieb B nicht mehr produzieren. Hier behalten die Arbeitnehmer ihren Lohnanspruch.

Ausnahmsweise besteht kein Lohnanspruch, wenn eine Lohnzahlung das Kräfteverhältnis der Kampfparteien berühren könnte. Das ist z.B. der Fall, wenn der gleiche Konzern betroffen ist.

**Beispiel 2:** In *Beispiel 1* gehören Z und B beide zum gleichen Konzern. Wenn die Arbeitnehmer im Betrieb B trotzdem ihren Lohn fordern könnten, wäre das Kräfteverhältnis zu Gunsten der Arbeitnehmer verschoben.

### 1.3.2. Rechtsfolgen bei rechtswidrigem Streik

Ein rechtswidriger Streik löst verschiedene Rechtsfolgen und Ansprüche aus. So stehen beispielsweise bei Verletzung der Friedenspflicht sowohl dem Arbeitgeberverband als Vertragspartner der Gewerkschaft als auch dem bestreikten Arbeitgeber selbst Ansprüche zu.

#### 1.3.2.1. Ansprüche gegen die Gewerkschaft

Nach h. M. hat bei einem rechtswidrigen Streik das bestreikte Unternehmen gegen die Gewerkschaft einen **Unterlassungsanspruch** aus § 1004 i. V. m. § 823 Abs. 1 analog BGB, da ein Eingriff in das Recht am eingerichteten und ausgeübten Gewerbebetrieb i. S. v. § 823 I BGB vorliegt. Dieser Unterlassungsanspruch steht nach h. M. ebenfalls dem Arbeitgeberverband zu.

Daneben besteht bei Verletzung des Tarifvertrages ein **Schadensersatzanspruch** gemäß §§ 283 S.1, 280 Abs. 1, 31 BGB und aus § 823 I BGB wegen Eingriffs in das Recht am eingerichteten und ausgeübten Gewerbebetrieb. Dabei wird der Gewerkschaft gemäß § 31 BGB das Handeln ihrer Organe (z.B. Vorstand) zugerechnet.

#### 1.3.2.2. Rechtsfolgen für am Streik beteiligte ArbN

Die Teilnahme an einem rechtswidrigen Streik stellt eine Verletzung der Arbeitspflicht dar, da hier – anders als beim rechtmäßigen Streik - die arbeitsvertraglichen Hauptpflichten nicht suspendiert werden. Der Arbeitgeber kann eine **Abmahnung** aufgrund des Streiks erteilen und bei rechtswidriger Fortsetzung der Streikteilnahme das Arbeitsverhältnis gemäß § 626 BGB fristlos kündigen. Außerdem bestehen Schadensersatzansprüche aus §§ 283 S. 1, 280 Abs. 1 und aus § 823 I (Eingriff in den eingerichteten und ausgeübten Gewerbebetrieb).

Auch bei einem rechtswidrigen Streik sind die obigen Ausführungen zu den **Fernwirkungen** eines Streiks zu berücksichtigen. Grundsätzlich behalten daher Arbeitnehmer, deren Betrieb durch den rechtswidrigen Streik nur **mittelbar** betroffen wurde, ihren Lohnanspruch.

## 2. Die Aussperrung

Kampfmittel der Arbeitgeberseite ist der Entzug von Beschäftigung und Lohn. Die juristisch wichtigste, wenn auch praktisch nicht häufigste Form ist die Aussperrung.

### 2.1. Definition

Als **Aussperrung** bezeichnet man die Druckausübung durch den Arbeitgeber oder einer Mehrheit von Arbeitgebern mittels planmäßiger Verweigerung von Beschäftigung und Lohnzahlung gegenüber einer Mehrheit von Arbeitnehmern.

Begrifflich ist zwischen der **Abwehraussperrung** und der **Angriffsaussperrung** zu unterscheiden:

- Die **Abwehraussperrung** ist eine Reaktion des Arbeitgebers auf einen Streik. Sie ist durch Art. 9 Abs. 3 GG verfassungsrechtlich garantiert und daher grundsätzlich zulässig. Durch sie wird eine unverhältnismäßige Verschlechterung der Verhandlungsposition der Arbeitgeber im Rahmen der Tarifautonomie vermieden. Zweck der rechtlichen Zulassung der Abwehrausperrung ist demnach die Wiederherstellung der Kampfparität.
- Die Eröffnung des Arbeitskampfes durch die Arbeitgeberseite wird als sog. **Angriffsausperrung** bezeichnet. Auch sie ist grundsätzlich zulässig, an die Verhältnismäßigkeit werden allerdings strengere Anforderungen gestellt.

## 2.2. Rechtmäßigkeit

Die Rechtmäßigkeit einer Aussperrung unterliegt grds. folgenden Voraussetzungen:

- Vorliegen eines Streiks.
- Die Aussperrung muss auf das Tarifgebiet begrenzt werden, in dem der Tarifstreit besteht.
- Ausgesperrt werden darf grds. jeder Arbeitnehmer im Tarifgebiet, der streiken darf. Es besteht aber ein Verbot selektiver Aussperrung von Gewerkschaftsmitgliedern.
- Die **Verhältnismäßigkeit** muss gewahrt werden. Das BAG hat zur Verhältnismäßigkeit bestimmte Zahlenverhältnisse entwickelt und festgelegt, wie viele Arbeitnehmer bei einem Streik maximal ausgesperrt werden dürfen. Die genaue Zahl ist abhängig von der Zahl der streikenden Arbeitnehmer.

## 2.3. Rechtsfolgen

### 2.3.1. Bei rechtmäßiger Aussperrung

Die rechtmäßige Aussperrung hat wie der Streik **suspendierende Wirkung,** d. h. die Hauptleistungspflichten ruhen. Die Vergütungspflicht entfällt auch bei den Arbeitnehmern, die sich nicht am Streik beteiligen.

In der Regel ist nach Ende der Aussperrung eine Weitereschäftigung beabsichtigt. Eine Ausnahme hierzu stellt die sog. **lösende Aussperrung** dar: Hier endet das Arbeitsverhältnis. Die lösende Aussperrung ist nach Ansicht des BAG nur unter besonderen Voraussetzungen zulässig:

- Arbeitskampf mit langer Dauer; hohe Kampfintensität; offensichtliche Rechtswidrigkeit des Streiks.
- Rationalisierung und Neubesetzung des Arbeitsplatzes während des Streiks.
- Ausgeschlossen bei Arbeitnehmern mit besonderem Kündigungsschutz, z. B. Schwangere, Schwerbehinderte, Betriebsratsmitglieder.
- Ausdrückliche Erklärung der lösenden Wirkung durch den Arbeitgeber.

Nach Beendigung des Arbeitskampfes hat der Arbeitnehmer grds. einen **Anspruch auf Wiedereinstellung** nach billigem Ermessen.

### 2.3.2. Bei rechtswidriger Aussperrung

Bei rechtswidriger Aussperrung steht dem ausgesperrten Arbeitnehmer insbesondere ein Beschäftigungsanspruch nach §§ 611 i. V. m. dem Arbeitsvertrag und ein Lohnanspruch nach § 615 BGB zu. Die Gewerkschaften können einen Unterlassungsanspruch nach § 1004 i. V. m. § 823 Abs. 1 BGB wegen des unzulässigen Eingriffs in das Recht zur koalitionsmäßigen Betätigung geltend machen.

**▸ Literatur zu dieser Lektion**

Käppler, **JuS** 1990, 618 (Rechtsw. Maßn. bei Arbeitskämpfen)

## Lektion 10: Ansprüche aus Tarifvertrag

Im Rahmen von Einzelarbeitsverträgen stehen sich oftmals Arbeitgeber und Arbeitnehmer als ungleiche Vertragspartner gegenüber. Es besteht gerade in Zeiten hoher Arbeitslosigkeit die Gefahr, dass der Arbeitgeber seine Überlegenheit als Druckmittel nutzt und dass der geschlossene Arbeitsvertrag die Interessen des Arbeitnehmers nicht genügend berücksichtigt. Dieses Ungleichgewicht wird ausgeglichen, wenn grundlegende Bedingungen von den Tarifvertragsparteien ausgehandelt werden. Hier stehen sich der einzelne Arbeitgeber oder der Arbeitgeberverband und die Gewerkschaften als gleichwertige Partner gegenüber.

Vereinbarungen zwischen Gewerkschaften und Arbeitgeberverbänden werden als **Verbandstarifvertrag** bezeichnet. Erfolgt die Vereinbarung zwischen einer Gewerkschaft und einem Arbeitgeber, so spricht man von einem **Firmen- bzw. Haustarifvertrag.**

**Der Tarifvertrag hat vor allem drei Funktionen:**

- Der Tarifvertrag soll den einzelnen Arbeitnehmer vor einseitigen, nachteiligen Festsetzungen durch den Arbeitgeber schützen, vgl. § 4 Abs. 3 TVG.
- Tarifverträge führen zu einer autonomen arbeitsrechtlichen Ordnung. Sie schaffen Überschaubarkeit auch hinsichtlich der Kosten.
- Der Tarifvertrag „befriedet". Denn aufgrund der Friedenspflicht haben die Tarifvertragsparteien alles zu unterlassen, was die Durchführung des Tarifvertrages behindern könnte. Die Friedenspflicht beschränkt sich allerdings nur auf die Laufzeit und nur auf die im Tarifvertrag geregelten Punkte.

## 1. Vorliegen eines Tarifvertrages

Der Tarifvertrag i. S. v. §§ 1, 2 TVG ist ein schriftlicher Vertrag zwischen tariffähigen Parteien und ist gekennzeichnet durch eine Doppelnatur: Zunächst werden die arbeitsrechtlichen Rechte und Pflichten geregelt, die zwischen den Tarifvertragsparteien als solche bestehen sollen sog. **schuldrechtlicher (obligatorischer) Teil.** Hier wird beispielsweise geregelt, was die Tarifvertragsparteien im Einzelnen zu tun und zu unterlassen haben.

Weder die Durchführungs- noch die Friedenspflicht stehen zur Disposition; beide sind immer Teil des Tarifvertrages. Daneben erfolgt im Tarifvertrag eine Festlegung von Rechtsnormen bzw. allgemeinen Arbeitsbedingungen, welche unmittelbar auf das einzelne Arbeitsverhältnis einwirken sollen, sog. **normativer Teil.**

Die unmittelbaren und zwingenden Rechtsnormen des Tarifvertrages regeln den **Inhalt,** den **Abschluss** oder die **Beendigung** von Arbeitsverhältnissen, § 4 Abs. 1 S. 1 TVG und sind unabdingbar. Unmittelbar sind die Rechtsnormen, weil sie automatisch das einzelne Arbeitsverhältnis erfassen, ohne dass es dabei auf die Kenntnis oder Billigung der Norm durch die Parteien ankommt. Eine Norm, die zuungunsten des Arbeitnehmers von einer Norm des Tarifvertrages abweicht, ist nach § 134 BGB nichtig.

## 2. Wirksamkeit

Damit ein Tarifvertrag wirksam ist, müssen folgende Voraussetzungen eingehalten werden:

- **Schriftform,** § 1 Abs. 2 TVG. Wird das Schriftformerfordernis nicht eingehalten, ist der Vertrag nach § 125 S. 1 BGB nichtig.
- **Tariffähigkeit:** Auf Arbeitnehmerseite müssen Gewerkschaften, auf Arbeitgeberseite einzelne Arbeitgeber oder Vereinigungen von Arbeitgebern stehen.

Es muss sich bei einer derartigen Vereinigung um eine **Koalition** i. S. d. Art. 9 Abs. 3 GG handeln, d. h. es muss ein freiwilliger zivilrechtlicher Zusammenschluss von Arbeitgebern oder Arbeitnehmern vorliegen, der körperschaftlich und überbetrieblich organisiert ist. Tariffähig ist eine derartige Koalition weiterhin nur dann, wenn sie über eine gewisse **soziale Mächtigkeit** verfügt, um die gegnerische Seite unter Druck setzen zu können und wenn der Wille zum Abschluss von Tarifverträgen vorhanden ist.

- **Tarifzuständigkeit:** Die Vertragsparteien können einen Tarifvertrag ausschließlich innerhalb ihres räumlichen und sachlichen Geschäftsbereiches abschließen. Dies bestimmt sich regelmäßig durch die jeweilige Satzung.

- Regelung **innerhalb der Tarifautonomie,** § 9 Abs. 3 GG. Das bedeutet, dass die Regelung der Wahrung bzw. Förderung der Arbeits- und Wirtschaftsbedingungen dienen muss. Ferner darf nicht gegen EG-Recht, Grundrechte, allgemeine verfassungsrechtliche Prinzipien oder sonst zwingendes Recht verstoßen werden.

## 3. Die Tarifbindung, § 3 TVG

Tarifverträge entfalten ihre unmittelbare, unabdingbare Wirkung nur gegenüber Parteien, die tarifgebunden sind. Die Tarifgebundenheit wird vom Gesetz bestimmt und kann nicht von den Parteien festgelegt werden, § 3 I TVG. Grundsätzlich gelten die Tarifnormen nur zwischen den beiderseits tariflich Gebundenen, § 4 Abs.1 S.1 TVG.

Nach § 3 Abs. 1 TVG wird die Tarifgebundenheit durch die **Mitgliedschaft** beim tarifschließenden Verband begründet. Der Arbeitgeber muss also dem betreffenden Arbeitgeberverband, der Arbeitnehmer der betreffenden Gewerkschaft angehören.

Die Tarifgebundenheit beginnt mit dem Erwerb der Mitgliedschaft bei der Tarifvertragspartei und endet gemäß § 3 Abs. 3 TVG erst mit dem Ende des Tarifvertrages, also nicht schon dann, wenn der einzelne Arbeitgeber oder Arbeitnehmer aus seinem Verband austritt. Der Tarifvertrag kann aber auch von den Parteien des Tarifvertrages aufgehoben oder durch einen neuen Tarifvertrag ersetzt werden. Ein nach dem Ausscheiden geschlossener neuer Tarifvertrag bindet die ausgeschiedene Partei dann nicht.

Die normative Wirkung des Tarifvertrages kann auf tariflich nicht gebundene Personen ausgedehnt werden durch

- Individualvereinbarung
- Allgemeinverbindlichkeitserklärung, § 5 TVG

**Individualvereinbarung** bedeutet, dass ein Arbeitnehmer, der nicht Mitglied einer Gewerkschaft ist, mit einem Arbeitgeber die Bezugnahme eines bestimmten Tarifvertrages auf seinen Individualarbeitsvertrag vereinbart. Hier bleibt es allerdings beim Vorliegen einer bloßen individualrechtlichen Vereinbarung ohne die besonderen Wirkungen des Tarifvertrages. Es liegt ein **Einzelarbeitsvertrag** vor, der nur denselben rechtlichen Inhalt hat wie der entsprechende Tarifvertrag.

Durch eine **Allgemeinverbindlichkeitserklärung** des Bundesministers für Arbeit und Sozialordnung kann der normative Teil des Tarifvertrages auch auf nicht tarifgebundene Personen erstreckt werden, § 5 TVG. Dadurch ist die Frage der Tarifgebundenheit der Parteien für beide Seiten eindeutig beantwortet.

Nachdem ermittelt wurde, dass Arbeitnehmer und Arbeitgeber tarifgebunden sind, ist weiter der **Geltungsbereich** des betreffenden Tarifvertrags zu untersuchen. Tarifverträge gelten regelmäßig nur für

- einen bestimmten **Tarifbezirk;**
- bestimmte **Wirtschaftszweige, Branchen** oder einen einzelnen Betrieb (sog. **Haustarifvertrag**);

- einen im Vertrag genannten **Zeitraum.** Ist ein Tarifvertrag außer Kraft getreten, gelten seine Bestimmungen allerdings grds. weiter, bis eine neue Regelung getroffen worden ist!

## 4. Günstigkeitsvergleich und „Rosinentheorie"

Abweichungen und Änderungen des Tarifvertrages sind nach § 4 Abs. 3 TVG nur wirksam, wenn sie im Tarifvertrag vorgesehen sind, sog. **Öffnungsklausel,** oder eine Änderung der Regelungen **zu Gunsten** des Arbeitnehmers enthalten. Einzelvertragliche Abmachungen, die für den Arbeitnehmer **günstiger** als die Tarifnorm sind, bleiben daher vom Tarifvertrag unberührt, sog. **Günstigkeitsprinzip.**

Grundsätzlich gilt damit die arbeitsvertragliche Regelung, wenn sie objektiv für den Arbeitnehmer günstiger ist.

**Beispiel 1:** Eine tarifvertragliche Regelung steht der Wirksamkeit einer arbeitsvertraglichen Vereinbarung über *übertariflichen* Lohn nicht entgegen, denn Tariflöhne sind nur Mindestlöhne.

Die Frage, was für den Arbeitnehmer objektiv günstiger ist, ist schwierig zu beantworten, wenn der Arbeitsvertrag gegenüber dem Tarifvertrag sowohl günstigere wie auch ungünstigere Regelungen enthält.

**Beispiel 2:** A ist Mitglied des Arbeitgeberverbandes. Er schließt mit dem gewerkschaftlich organisierten Arbeitnehmer B einen Arbeitsvertrag mit übertariflichem Entgelt. Im Gegenzug verzichtet B auf das tariflich festgelegte Urlaubsgeld. Ist der Arbeitsvertrag für B günstiger als der Tarifvertrag?

**Lösung:** Hier könnten die arbeitsvertragliche und die tarifvertragliche Norm kollidieren. Der Tarifvertrag ist anwendbar, da beide tarifvertraglich gebunden sind. Grundsätzlich gilt aufgrund der Normenhierarchie der Tarifvertrag. Da die erste privatrechtliche Vereinbarung (übertarifliches Entgelt) jedoch zu Gunsten des B abweicht, ist diese grds. gültig, sog. *Günstigkeitsprinizip*. Die zweite Regelung (Verzicht auf das Urlaubsgeld) geht hingegen zu Lasten des Arbeitnehmers und wäre (bei einem Einzelvergleich) grundsätzlich unwirksam.

Nach der sog. **Rosinentheorie** ist es unzulässig, wenn der Arbeitnehmer einen **Einzelvergleich** vornimmt, sich von jeder Norm nur das Beste, nämlich die „Rosinen" herauspickt und sich teilweise auf den Tarifvertrag, teilweise auf den Arbeitsvertrag beruft. Es muss daher in diesen Fällen grds. durch einen sog. **Gruppenvergleich** ermittelt werden, ob für den Arbeitnehmer der Tarif- oder der Arbeitsvertrag günstiger ist. Gruppenvergleich bedeutet, dass die Regelungen miteinander verglichen werden, die in **sachlichem Zusammenhang** stehen, z.B. weil sie den gleichen Zweck haben. Wichtig ist hierbei nicht das Ergebnis, sondern die eigene Argumentation!

## 5. Erlöschen oder Undurchsetzbarkeit, § 4 TVG

Grundsätzlich herrscht im Tarifrecht das **Unverbrüchlichkeitsprinzip,** § 4 Abs. 4 TVG. Das bedeutet, dass zum Schutz des Arbeitnehmers einmal entstandene tarifliche Rechte nicht eingeschränkt oder ausgeschlossen werden können. Dadurch wird die Unabdingbarkeit der Tarifnorm gesichert. Ein Verzicht auf bereits entstandene Tarifrechte ist nur in einem von den Tarifvertragsparteien gebilligten Vergleich möglich, § 4 Abs. 4 S. 1 TVG.

Die **Verwirkung** von tariflichen Rechten ist ausgeschlossen, § 4 Abs. 4 S. 2 TVG. Durch diese Vorschrift wird gesichert, dass ein Arbeitnehmer, der über längere Zeit ein tarifliches Recht nicht geltend gemacht hat, dieses trotzdem ausüben kann.

**Ausschlussfristen** für die Geltendmachung tariflicher Rechte können nur im Tarifvertrag vereinbart werden, § 4 Abs. 4 S. 3 TVG. Könnten solche Fristen auch durch die Parteien des Arbeitsvertrages festgelegt werden, bestünde die Gefahr, dass die Rechte des Arbeitnehmers unbillig beeinträchtigt würden.

**Standardfälle Arbeitsrecht**
Zur gezielten Vorbereitung auf die ersten Klausuren im Arbeitsrecht
Autor: Prof. Dr. Joachim Gruber

ISBN 3-936733-42-2
6,60 €

**Einführung in das Handelsrecht**
Mit Beispielen und Schemata für den leichten Einstieg
ISBN 3-936733-18-X
6,60 €

**Einführung in das Gesellschaftsrecht**
Mit Beispielen und Schemata für den leichten Einstieg
ISBN 3-936733-19-8
6,60 €

## ▶ Unser Skriptenangebot